Mit dem FAHRRAD zu alten HÖFEN, MÜHLEN und KAPELLEN

Ina Germes-Dohmen / Eva-Maria Willemsen
Mit Fotografien von Petra J. Kiby-Menzer

Die schönsten Radtouren zwischen Schwalm, Nette und Niers

J.P. BACHEM VERLAG

Bibliografische Information der Deutschen Bibliothek

Die Deutsche Bibliothek verzeichnet diese Publikation in der Deutschen Nationalbibliografie; detaillierte bibliografische Daten sind im Internet über http://dnb.ddb.de abrufbar.

Hinweis:

Die Adressen und Angaben im Serviceteil des Buches wurden von den Autoren sorgfältig recherchiert und vom Verlag geprüft. Wir bitten um Verständnis, dass Verlag und Autoren keine Garantie für die Richtigkeit der Angaben übernehmen können. Für Korrekturhinweise sind wir sehr dankbar.

1. Auflage 2004

Einbandgestaltung und Layout: Heike Unger, Berlin
Lektorat: Kerstin Goldbach, Köln
Karten: www.kartengrafik.de
Karte Seite 10 entnommen aus: Irmgard Hantsche: Geldern-Atlas, 2003
(Kartografie: Harald Krähe)
Reproduktionen: Reprowerkstatt Wargalla, Köln
Druck: Druckerei J.P. Bachem GmbH & Co. KG, Köln
Printed in Germany
ISBN 3-7616-1710-0

www.bachem-verlag.de

***Mit dem* FAHRRAD *zu alten* HÖFEN, MÜHLEN *und* KAPELLEN**

Vorwort

Die erfolgreiche Fahrradbuchreihe des Bachem Verlags ist mit dem nun vorliegenden Band „Mit dem Fahrrad zu alten Höfen, Mühlen und Kapellen“ um ein thematisch orientiertes Fahrradbuch erweitert worden. Dieses Buch führt Sie in die geschichtsträchtige Landschaft des Niederrheins, genauer gesagt in die Region zwischen Schwalm, Nette und Niers.

Der Niederrhein ist ein beliebtes und über die Region hinaus bekanntes „Fahrradparadies“. Darüber hinaus hat die wechselvolle Geschichte hier seit Jahrhunderten ihre Spuren hinterlassen. Die zahlreichen Burgen, alten Höfe, Mühlen und Schlösser bezeugen die historische Bedeutung dieser Region.

Den Autorinnen Dr. Ina Germes-Dohmen und Eva-Maria Willemsen ist es gelungen, Fahrradrouten zu konzipieren, die den landschaftlichen Reiz mit fundierten Ausführungen zu den historischen Plätzen entlang der Route kombinieren. Beide sind „vom Fach“, die eine Historikerin, die andere Kunsthistorikerin. Ihre Texte sind fundiert aber klar und leicht verständlich geschrieben.

Der Band wird von den hervorragenden Fotografien von Petra Kiby-Menzer illustriert, die sowohl die Schönheit der Landschaft als auch den Charakter der historischen Gebäude zur Geltung bringen.

Alle Touren dieses Bandes wurden mehrfach abgefahren und genau geprüft. Hierbei ist auch den Ehemännern und Kindern der Autorinnen zu danken. Sie waren viele Sonntage als Pioniere unterwegs und konnten hilfreiche Tipps zu den Tourenbeschreibungen beisteuern und die „Kindertauglichkeit“ der Routen überprüfen. Das Buch richtet sich deshalb nicht nur an historisch interessierte Erwachsene, sondern eignet sich auch hervorragend für den Familienausflug. Wie bei allen Fahrradbüchern dieser Reihe können Sie, lieber Leser, selber entscheiden, wie Sie das Buch nutzen: ob als Lektüre zu Hause oder unterwegs.

Wir möchten mit dem vorliegenden Band nicht nur die einheimische Leserschaft ansprechen, sondern auch Besucher aus anderen Regionen, die das Wochenende für eine Radtour am Niederrhein nutzen möchten. Oder wie wäre es mit einem Kurzurlaub? Denn, wenn man eine Tour gefahren ist, bekommt man ganz sicher Lust auf eine zweite oder dritte!

Der Bachem Verlag wünscht Ihnen viel Spaß und Anregung auf den zwölf beschriebenen Fahrradtouren. Lassen Sie sich entführen in die Schönheit der niederrheinischen Landschaft mit ihrer wechselvollen Geschichte.

Ihr Bachem Verlag

Inhaltsverzeichnis

Übersichtskarte

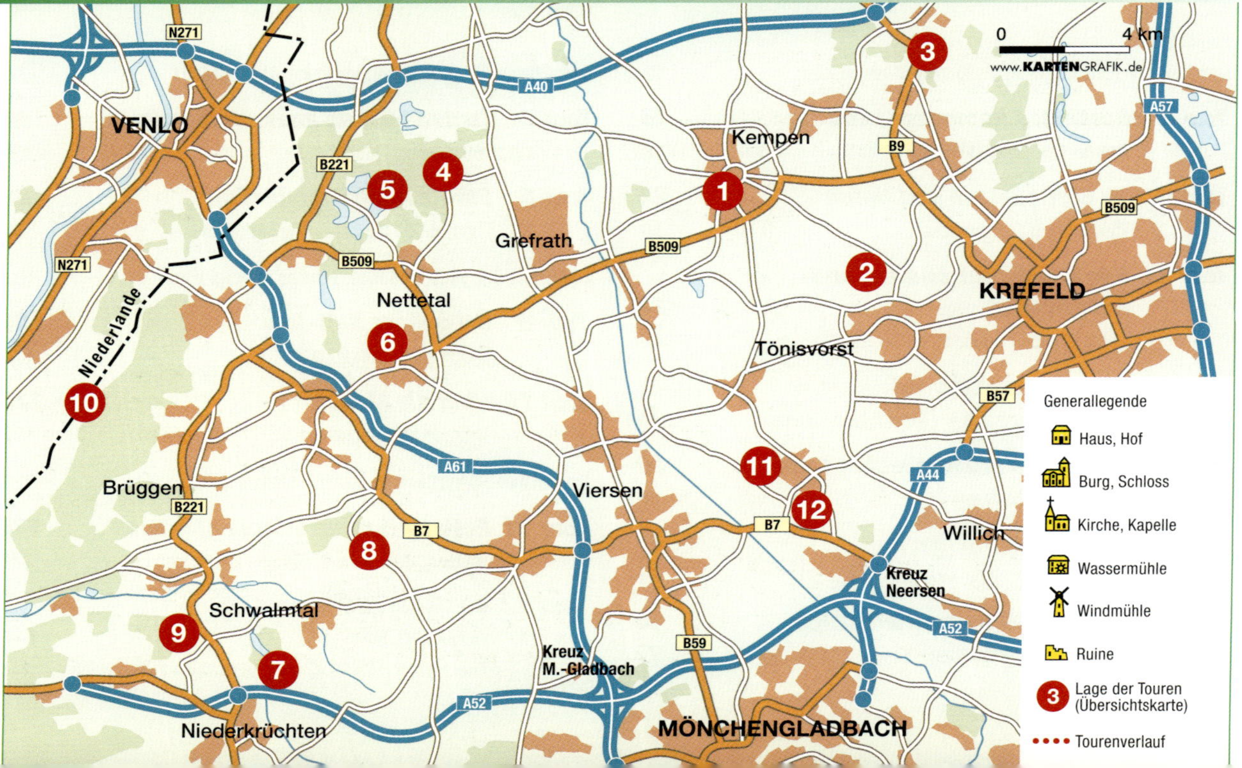

Einleitung

Im Mittelpunkt dieses Buches steht die Region zwischen Schwalm, Nette und Niers, ihre Landschaft, aber auch ihre Geschichte. Noch heute ist dieses Gebiet „Grenzland“, stößt es doch mit einer Länge von nahezu 40 km an die benachbarten Niederlande. Bis vor 200 Jahren verliefen die Grenzen jedoch völlig anders, stießen doch hier seit dem Mittelalter die Territorien der Herzöge von Geldern und Jülich und der Kurfürsten von Köln aufeinander. Die Grenzlage hat Spuren hinterlassen. Die kurkölnische Landesburg in Kempen, die Burgruine in Oedt, das Schloss Krickenbeck inmitten der malerischen Seenplatte und die jülichsche Landesburg Brüggen sind nicht die einzigen Zeugen einer reichen Vergangenheit. Herrensitze und wasserumwehrte Höfe haben bis heute ihren wehrhaften Charakter behalten, vereinzelt findet man sogar bäuerliche Wehrtürme in alten Hofanlagen. Herrschaftliche Mühlen säumen die drei Flüsse des Gebietes. Kirchen und Kapellen und ihre oft reiche Ausstattung beweisen die Nähe zu den niederländischen und flandrischen Meistern.

„Mit dem Fahrrad zu alten Höfen, Mühlen und Kapellen“ macht die Geschichte der Region mit dem Fahrrad erfahrbar. Die insgesamt zwölf Rundtouren sind den früheren Territorien zugeordnet. Sie beginnen und enden jeweils an einem der früheren Verwaltungsmittelpunkte. Ein kurzer Text führt den interessierten Leser in die Geschichte des Territoriums und des Amtes ein. Die Wegbeschreibung wird jeweils unterbrochen von historischen und kunsthistorischen Erläuterungen zu den am Weg liegenden Baudenkmälern, die der besseren Orientierung halber farblich abgesetzt sind. Aber nicht nur die Spuren der „Großen“, der Grafen und Herzöge, werden erwähnt, auch Kapellen, Wegekreuze und Bauernhöfe, die oft als Relikte des Volkes keine Erwähnung finden, haben hier ihren Platz bekommen.

Zu jeder Tour gibt ein Thementipp lesens- und wissenswerte Hintergrundinformationen zu unterschiedlichen Inhalten wie z. B. Lehenswesen und Fachwerkbauten, Mühlen oder Industrieansiedlungen. Fast auf jeder Seite illustrieren ausgesuchte Fotos die Hauptsehenswürdigkeiten und geben einen Vorgeschmack vom Reiz der Landschaft und ihrer Bauwerke. Wie jeder gute Führer ist dieses Buch also nicht nur der richtige Begleiter bei der Tour, sondern auch ideale Vorbereitungslektüre, die Auge und Verstand anspricht.

Die insgesamt fast 400 km umfassenden Radtouren, die hier vorgestellt werden, sind allesamt Rundtouren. Die kürzeste Strecke beträgt 15 km, die längsten ungefähr 50 km. Die Anfahrt mit dem PKW und ÖPNV sind zu jedem der vier Startpunkte beschrieben. Da Brüggen und Kricken-

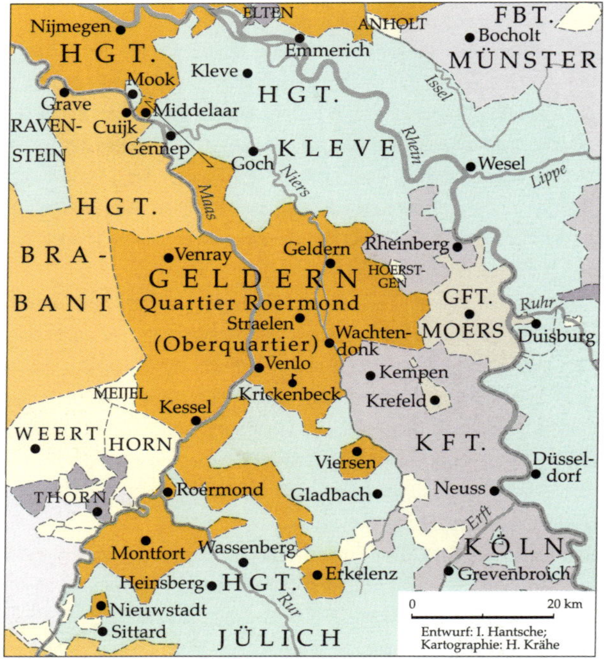

Ausschnitt aus der Karte der rheinischen Territorien um 1543

beck im Herzen des Naturparks Maas-Schwalm-Nette liegen, ist eine Anreise mit der Bahn dorthin leider nicht bzw. nicht direkt möglich. Den Touren vorangestellt ist zudem eine Information zur Länge der Strecke und zum Schwierigkeitsgrad. Fast durchgehend führen die Strecken über asphaltierte Wirtschaftswege und Radwege. Bei der Streckenführung wurde – wenn möglich – darauf verzichtet, längere Zeit Landstraßen begleitende Radwege zu nutzen, so führt der Weg häufig durch Wiesen und Felder. Immer wieder führen die Strecken über Teilstrecken der Niederrheinroute (NRR) und der Euroga-Route (EuR), deren Hinweisschilder hier zur besseren Orientierung aufgeführt sind.

EUROGA – Route (EuR)

Niederrhein-Route – (NRR)

Detaillierte Wegbeschreibungen und genaue Karten am Ende jeder Tourenbeschreibung machen die Orientierung leicht. Das Zeichen weist auf Einkehrmöglichkeiten hin, die im Service-Teil am Ende des Buches genauer aufgeführt sind. Ebenfalls dort findet man Hinweise zu den Öffnungszeiten der angegebenen Museen. Für Radfahrer, die ein ganzes Wochenende am Niederrhein Entspannung finden wollen, werden zur weiteren Information die Adressen der örtlichen Touristikbüros und der Jugendherbergen in Brüggen und Nettetal-Hinsbeck angegeben.

Das frühere Amt Kempen im Kurfürstentum Köln

Kempen gehörte bis zur napoleonischen Zeit zum Kurfürstentum Köln, das sich in seinem Kerngebiet von Andernach im Süden bis Kempen und Uerdingen im Norden erstreckte, im Osten war im Wesentlichen der Rhein die Grenze, nach Westen hin war die Grenze stark zersplittert. Der Kurfürst war der weltliche Machthaber, aber gleichzeitig als Erzbischof auch der geistliche Vorsteher des Gebietes. Verwaltungsmäßig war Kurköln seit Mitte des 13., Beginn des 14. Jahrhunderts in Ämter, vergleichbar unseren heutigen Kreisen, eingeteilt. Das Amt Kempen, auch Land Kempen genannt, umfasste die Stadt Kempen selbst, des Weiteren Gebiete der heutigen Orte St. Hubert, St. Tönis, Vorst und Anrath. Die Nordgrenze des Amtes Kempen, die an Geldern und Moers stieß, war zugleich die Nordgrenze des Kurfürstentums. Im Westen Kempens lag das Amt Oedt, das aber aufgrund seiner geringen Ausdehnung die Westgrenze Kempens nicht wirklich sicherte. Entsprechend musste man sich absichern, um feindliche Übergriffe möglichst frühzeitig zu verhindern. Aus diesem Grund gibt es im Kempener Land viele, mit Wall und Wassergraben bewehrte Bauernhöfe, die schon auf das 14. Jahrhundert zurückgehen und damals an wehrfähige Männer als Lehen abgegeben, „verliehen“ wurden. Spätestens seit Mitte des 14. Jahrhundert gab es drei „Hauptverwaltungsbeamte“ im Kempener Land, die die landesherrliche Verwaltung repräsentierten. Direkter Stellvertreter des Erzbischofs war der Amtmann, er war Verwaltungschef, Gerichtsbeamter und Repräsentant des Amtes. Die Amtmänner stammten aus dem Adel, offiziell war ihre Position ein Ehrenamt, das aber mit umfangreichen Einnahmen versehen war. Weitere Positionen in der Amtsverwaltung waren der Schultheiß, der das Hofgericht leitete, und der Kellner, der für die Einkünfte aus Verpachtungen, aus Geld- und Naturalabgaben und für das Rechnungswesen verantwortlich war.

Stadt und Amt Kempen waren keine Einheit. Während die kurkölnischen Beamten das Amt verwalteten, waren für die innerstädtischen Belange schon spätestens seit Mitte des 14. Jahrhunderts der Rat der Stadt und zwei Bürgermeister zuständig, die jährlich gewählt wurden. Ratsmitglieder wurden auf Lebenszeit bestimmt, da diese Aufgabe nur gering vergütet wurde, konnten sich nur begüterte Bürger den Einsatz im Rat erlauben. Vertreter der einfachen Leute waren die Vierder, jeweils vier Vertreter jedes der vier Stadtviertel, die eine Art Kontrollorgan für Bürgermeister und Rat waren und jährlich aus den Vierteln neu bestimmt wurden. Zwischen Amt und Stadt angesiedelt war das Schöffenkollegium, das für alle nichtadeligen Bewohner des Kempener Landes und der Stadt Kempen zuständig war.

Die Kempener Burg ist eine der wenigen dreitürmigen Burgen am Niederrhein

Tour 1: Durch das Kempener Land

Anfahrt: Sie erreichen Kempen mit dem PKW über die A 40 Richtung Niederlande. Nehmen Sie die Abfahrt Kempen oder Wachtendonk und folgen den Hinweisschildern. Im Ortskern folgen Sie der Ringstraße um die Altstadt (Einbahnstraße) bis zur gut sichtbaren Burg. Vor der Burg biegen Sie links in die Thomasstraße und nutzen den direkt an der Burg liegenden Parkplatz. Aus südlicher Richtung kommend, fahren Sie von der A 57 am AK Meerbusch-Strümp auf die A 44. In Willich-Münchheide verlassen Sie die Autobahn und folgen den Hinweisschildern Richtung Tönisvorst und Kempen. Bis Kempen brauchen Sie nicht abzubiegen. In Kempen folgen Sie ebenfalls dem Altstadt-Ring bis zur Burg. Wenn Sie mit der Bundesbahn kommen, fahren Sie vom Bahnhof Kempen auf der Thomasstraße Richtung Moorenring. Dort sehen Sie die Burg vor sich liegen.

Tourenlänge: ca. 25 km

Schwierigkeitsgrad: einfach, durch ebenes Gelände, ohne Steigungen, i.W. befestigte Wirtschaftswege

Sie starten mit Ihrer Rundtour durch das frühere Amt Kempen an der **kurkölnischen Landesburg** (Beschreibung s. S. 45). Vom Parkplatz abfahrend wenden Sie sich nach links auf die ‚Thomasstraße'. An der Ampel halten Sie sich rechts und fahren auf den Fahrradweg an der inneren Seite des ‚Moorenringes' (entgegen der Fahrtrichtung der PKW). An der nächsten Kreuzung überqueren Sie die Ringstraße (‚Moorenring'/‚Donkring') und radeln auf dem Fahrradweg der ‚St. Töniser Straße' an alten Fußfallstationen mit den sieben Schmerzen Mariens vorbei stadtauswärts. Fast an der Grenze der Bebauung gegenüber des ‚Dr.-Franz-Hardt-Weges' nehmen Sie den schräg rechts in die Felder führenden Wirtschaftsweg bis zur **Kreuzkapelle**. Die Kapelle wurde im 17. Jahrhundert im Zuge der Gegenreformation errichtet und war lange Zeit Ziel der Volksfrömmigkeit. Auf dem Feldweg fahren Sie weiter, kurz vor der Landstraße biegt der Weg nach rechts ab, Sie fahren rechts neben der Straße her bis zur nächsten Kreuzung. Hier wenden Sie sich nach links, queren den stark befahrenen Kempener Außenring (B 509) und fahren auf dem Fahrradweg neben der ‚Vorster (Land-)Straße' stadtauswärts. An der nächsten Möglichkeit biegen Sie links ab und halten sich links bis zur Kapelle **St. Peter**, die Sie nun schon im Feld hinter einem Bauernhof liegen sehen.

St. Peter ist die älteste Kirche des Kempener Landes. Urkundlich wird sie zum ersten Mal 1073 erwähnt. Der Kern des heutigen Langhauses stammt aus dem 12. Jahrhundert. Dieser alte einschiffige Bau hatte wahrscheinlich einen viereckigen Westturm. Im 14. und im 17. Jahr-

St. Peter ist ein kleiner, einschiffiger Bau aus dem 12. Jahrhundert

hundert wurde die Kapelle vergrößert. Zur Ausstattung gehören u.a. ein spätromanisches Kreuz und eine spätgotische Petrusfigur. Die Kapelle war schon immer stark mit den Bewohnern der Honschaften verbunden, sie trugen im 18. Jahrhundert wesentlich zum Erhalt der Kirche bei. Jeden Sonntag findet um 9.15 Uhr hier noch ein Gottesdienst statt.

Sie fahren über den Kiesvorplatz vor St. Peter zurück zum Weg und biegen links auf den Wirtschaftsweg ein. An der Gabelung vor einem Bauernhof aus dem 19. Jahrhundert fahren Sie rechts und radeln nun geradeaus durch die Felder weiter. An der übernächsten Wegkreuzung hinter zwei rechts und links am Wegesrand liegenden Höfen biegen Sie rechts ab und radeln an einem Kindergarten vorbei. Direkt vor der Landstraße liegt rechts der große **Stiegerhof**.

Der Stiegerhof, der der Stiegerheide ihren Namen gab, ist eine typische niederrheinische vierflügelige Hofanlage des 19. Jahrhunderts. Vorher bildeten Wohn-(stall)haus, Scheune und andere Gebäude die Hofanlagen. Häufig umgab ein Wassergraben das Areal, der sowohl der Entwässerung diente als auch Übergriffe zumindest erschwerte. Erst im 19. Jahrhundert baute man um die Haupthäuser geschlossene Anlagen aus Scheunen- und Stallgebäuden. Nicht immer blieb das alte Haupthaus, wie im Falle des Stiegerhofes erhalten, häufig wurden im 19. Jahrhundert neue Bauernhäuser an die Frontseite gesetzt (s. S. 144).

Das T-förmige Wohnhaus des Stiegerhofes, das man nur aus der Luft sehen kann, ist eines der besterhaltenen in der Gegend

Nun überqueren Sie die Landstraße und biegen wenige Meter hinter der Straße links in einen unbefestigten Wirtschaftsweg ein. Am Ende des Weges liegt rechts der große Hof **Routenburg**, von dieser Seite wegen Futtersilos und Anbauten nicht sehr ansprechend. Wenn Sie aber um den Hof herum einen Kreis schlagen bis vor das große Eingangstor, sehen Sie, dass Sie auch hier eine prächtige alte Anlage vor sich haben. Wie viele der Höfe der Umgebung wurde er in der Mitte des 19. Jahrhunderts im damaligen Stil der Zeit erneuert. Der Hof selbst wurde schon 1330 als freies Gut genannt. Die Reste eines Wassergrabens sind links neben dem Eingangstor noch zu sehen.

Auf dem vom Hoftor geradeaus durch die Felder führenden unbefestigten Weg fahren Sie weiter, Sie queren die Kreisstraße 22 und wenden sich nach rechts auf den Fahrradweg bis zur Landstraße L 444, die von Kempen nach Grefrath-Oedt führt und die Sie überqueren. Auf dem folgenden Wegstück fahren Sie an mehreren Höfen vorbei, die alle im letzten Drittel des 19. Jahrhunderts zu geschlossenen, vierflügeligen Hofanlagen umgebaut wurden. Dann erblicken Sie schon links im Feld das imposante **Haus Steinfunder**. Wie bei vielen alten Anlagen ist der – noch heute landwirtschaftlich genutzte – Wirtschaftshof vor dem Herrenhaus angesiedelt, man muss also in einiger Distanz bleiben.

Haus Steinfunder, benannt nach einer früher über den Schleckbach führenden steinernen Brücke, wurde in zwei Bauabschnitten erbaut. Das aus Ihrer Sicht rechte Haus wurde 1566 im Renaissance-Stil errichtet, Teile gehen auf das 13. Jahrhundert zurück. Der Bau steht auf

Haus Steinfunder ist einer der schönsten Herrensitze im Kempener Land

Themen-Tipp:
Backstein

Über viele Jahrhunderte bis ins 19. Jahrhundert hinein wurden Ziegelsteine auf die gleiche Weise gefertigt und in Feldbrandöfen (Meilern) gebrannt. Ton- und lehmhaltiger Boden wurde im Herbst gegraben und über den Winter zum Verwittern ausgebreitet. Im Frühjahr wurde er zusammen gefahren, mit Wasser vermischt und von allen Beimengungen wie Wurzeln oder Steinen befreit. Menschen und Tiere traten ihn mit den Füßen, bis er die nötige Geschmeidigkeit hatte. Danach strich oder schlug ihn der Ziegler in viereckige Formen. Nach dem Lösen aus der Form wurde der Ziegelrohling zum Vortrocknen auf den Boden gelegt. Nach ca. zehn Tagen der Trocknung wurde aus alten, fehlgebrannten Ziegeln und neuen Rohlingen ein Ofen aufgeschichtet, der außen mit Lehm bestrichen und von innen befeuert wurde. Dieser einfache Ofen wurde mehrere Wochen befeuert und musste dann einige Tage auskühlen, bevor man die von der Qualität her sehr unterschiedlichen Backsteine sortieren und verwenden konnte.

Eichenbalken, die in den sumpfigen Untergrund der Niersniederung getrieben wurden. Auf den älteren Vorgängerbau weisen auch Reste gotischen Fachwerks hin, die auf der nordwestlichen Traufseite noch zu sehen sind. Das Haus ist ausgeschmückt durch ein kleines Erkerchen und ein Giebeldreieck mit übereck gestellten Pfeilern. Die Fenster sind durch steinerne Kreuze unterteilt. Der jüngere Bau aus dem frühen 17. Jahrhundert ist eine Art Wohnturm auf quadratischer Grundfläche mit einem Walmdach mit barocken Formelementen und Eckflankiertürmen. An der Fassade des alten Hauses sehen Sie die Wappen der Erbauer, dazu mehrere Köpfe und Köpfchen im typischen Renaissance-Stil. Der Graben, der auch heute noch um das Haupthaus herumführt, wurde früher durch Grundwasser gefüllt. Er war Teil eines größeren Grabens, der durch den heutigen Garten bis vorne um die Wirtschaftshöfe herumlief.

Sie bleiben auf dem Wirtschaftsweg vorbei am Reitstall „Raetgeshof“, queren die B 509 und fahren durch eine kleine Siedlung weiter bis zur Landstraße. Wenn Sie keine Rast im Bauerncafe „Bruxhof“ einlegen möchten, fahren Sie nach der Überquerung der Straße links über den Radweg weiter. Sie überqueren den kleinen Schleckbach und damit das alte Grenzbächlein des Amtes Kempen. Am Ende des Wäldchens biegen Sie rechts ab. Nach einer geschwungenen Linkskurve wenden

Sie sich nach rechts. Der Weg wird von Vierkant-Höfen flankiert, deren heutige Gestalt aus dem 19. Jahrhundert stammt. Hinter dem zweiten Hof auf der rechten Seite erkennen Sie Mauerreste des ehemaligen **Hauses Aldenhoven**. Das einstige kurfürstliche Jagdschlösschen, im Stil Haus Steinfunder ähnlich, brannte 1933 bis auf die Grundmauern ab. Der Weg, der eine Linkskurve macht, führt Sie zur Kreisstraße (K 27), dort fahren Sie auf dem Fahrradweg nach rechts. Zu Ihrer Linken lädt die Gaststätte „Zur Fluchtburg" zur Rast ein. An der nächsten Kreuzung können Sie über die K 12 (Richtung Kempen) einen kleinen Abstecher zum **Weibeshof** machen, der auf der linken Straßenseite hinter dem Schleckbach liegt.

Der Weibeshof, der schon 1182 das erste Mal erwähnt wird, ist im Gegensatz zu den bisherigen Höfen nicht vier-, sondern nur zweiflügelig. Die heutige Anlage ist laut Maueranker und Schlussstein im Torbogen 1772 erbaut. Die fast vollständige Hofanlage hat elf Achsen und eine Toreinfahrt in der Mitte. Ein Herrenhaus hat es hier nie gegeben, der Hof bestand nur aus Wohn- und Wirtschaftsgebäuden. Das tief gezogene Dach, das man auf der rechten Giebelseite sehen kann, zeugt von einem früheren Stallgebäude.

Zurück auf der K 27 sehen Sie rechts schon die hohen Mauern der **Abtei Mariendonk** aufragen. Sie überqueren die Straße und fahren über den Zufahrtsweg zur Abtei, die 1904 von Benediktinerinnen gegründet wurde. Ein wenig weiter liegt links am Niersufer die **Neersdommer Mühle**.

Die Neersdommer Mühle, früher Neers (Niers-)mühle genannt, ist an der Grenze zwischen dem Herzogtum Geldern und dem Erzbistum Köln schon im 14. Jahrhundert belegt. Im Westen der Mühle fließt die Niers,

Die Neersdommer Mühle ist auch heute noch ein imposanter Bau, der an drei Seiten von Wasser umschlossen ist

im Osten der Schleckbach, dazu stößt von Süden ein kleiner Kanal, der in die Schleck fließt. Die heutigen Gebäude der Mühle sind im 18. und 19. Jahrhundert entstanden. Wesentliches Merkmal ist der zweigeschossige, neunachsige Torbau. Das Wohnhaus im Innenhof ist ebenfalls zweigeschossig, nicht so klar durch Achsen gegliedert und im Gegensatz zu den meisten anderen Häusern verputzt. Die übrigen Wirtschaftsgebäude dienten früher als Stallungen, als Speicherplätze und als Remisen für die Wagen. Die Mühle war bis 1890 in Betrieb, heute wird sie von unterschiedlichen Eigentümern privat und gewerblich genutzt. Im Laufe ihrer langen Geschichte gehörte die Neersdommer Mühle wie der Weibeshof bekannten Honoratiorenfamilien des Kempener Landes. Anfang des 19. Jahrhunderts kamen sie in den Besitz der Stieger vom Stiegerhof. Die letzte unverheiratete Stieger stiftete die Mühle um die Wende vom 19. zum 20. Jahrhundert den Benediktinern. Die Nonnen errichteten ihre Abtei unverzüglich gegenüber dem alten Mühlenhof. Die Gründung eines Männerklosters scheiterte (s. u.).

Sie wenden sich auf dem Weg, auf dem Sie gekommen sind, zurück und fahren – Schleckbach und Abtei rechts neben sich – geradeaus weiter. Sie bleiben nun – alle Abbiegungen nach rechts und links außer Acht lassend – auf diesem Weg und fahren durch Ziegelheide. An der Kreuzung, an der die NRR rechts nach Kempen führt, fahren Sie nach links (!).

Rechts von Ihnen liegt nun der **Vinnhof**, *ein vierflügeliger Backsteinbau, der noch teilweise wasserumwehrt ist. Typisch für den Niederrhein auch der so genannte Bongert, der Baumgarten, der den Stallgebäuden vorgelagert ist. Das Haupthaus mit Ständerwerk aus dem 17. und 18. Jahr-*

Das alte Haupthaus des Vinnhofes steht schräg im Innenhof der erst im 19. Jahrhundert gebauten Umfassungsgebäude

hundert wurde wie beim Stiegerhof im 19. Jahrhundert von neuen Gebäuden nahezu umschlossen.

An den nächsten Häusern folgen Sie dem Hinweisschild „**Kapelle Heumischhof**".

Der Heumischhof ist seit der Mitte des 15. Jahrhunderts nachweisbar. Auch der Heumischhof kam in den Besitz der Familie Stieger, Johanna Stieger vererbte ihn den Benediktinern. 1908 wurde vom Orden hier eine Kapelle errichtet, das geplante Männerkloster wurde durch den Ersten Weltkrieg vereitelt. Die im Bauernhof integrierte Kapelle steht unter Denkmalschutz.

Über einen kleinen Durchstich gelangen Sie auf den Fahrradweg, der an der L 361 vorbeiführt und dem Sie nach links folgen. Hinter einem Wegkreuz an einem Parkplatz auf der rechten Straßenseite biegen Sie nach der Überquerung der L 361 in den Weg ‚Wall' ein. Links vom Wirtschaftsweg, auf dem Sie jetzt weiterradeln, war die das Amt Kempen begrenzende Landwehr. Sie umschloss die gesamte nördliche Grenze des Amtes Kempen bis auf die Stellen, an denen das Bruchgelände so unwegsam war, dass man keinen Angriff befürchten musste (s. S. 40). Hinter der Landwehr begann das Herzogtum Geldern. Heute erinnert nur noch ein Gasthaus an den Schlagbaum, im Dialekt „de Schloot" genannt, an die alte Zollstelle.

Sie fahren nun an einigen kleineren Häusern vorbei bis zu einem großen Bauernhof mit dem Wohnhaus an der Straßenseite, dem **Gleumeshof**.

Der Gleumeshof ist seit 1372 urkundlich überliefert. Eine Besiedlung ist aber schon vor dem Jahr 1000 wahrscheinlich. Seit über 600 Jahren ist der Hof in Familienbesitz. Auch dieser Hof war eine wasserumwehrte, vierflügelige Backsteinanlage. Das heutige Wohnhaus wurde im 19. Jahrhundert erbaut. Die Gräben an der West- und der Südseite und der größte Teil der Ostseite sind noch erhalten.

Sie fahren weiter geradeaus, queren an einer Bushaltestelle die Kreuzung zweier Wirtschaftswege. Durch die kleine Siedlung hindurch radelnd sehen Sie hinter einer großen Wiese **Haus Velde** in der Niederung liegen.

Haus Velde war eine Grenzfeste gegen das Herzogtum Geldern. Das zweigeschossige Herrenhaus ist noch alten Ursprungs, es stammt aus der Mitte des 16. Jahrhunderts und wurde im Renaissance-Stil errichtet. Die übrigen Bauten sind entweder aus dem 19. Jahrhundert oder in den letzten Jahren an- und umgebaut. Haus Velde war teilweise wasserumwehrt, nach Norden hin jedoch nicht, da es hier durch die sumpfige Niederung geschützt war. Um 1380 war Johann von Honselaer genannt von dem Velde und Herr zu Krickenbeck Besitzer des Hofes. Am Torturm schlossen sich früher weitere Gebäude an das Hauptgebäude

Haus Velde, eine alte Grenzfeste des Kempener Landes

an, so dass die Anlage geschlossen war. Auf der zum Gelderland hin gewandten Seite des Hauses gab es eine Art Bergfried, der als Befestigungs- und Rückzugsturm diente. Auch weitere Anbauten wie Reste von Treppen, Durchbrüchen und einen Kamin kann man noch erkennen. Noch heute berichtet man von einem unterirdischen Gang, der bis Kempen geführt haben soll.

Nun wenden Sie Ihr Fahrrad und fahren zurück bis zur Wegkreuzung, um dann nach links Richtung Kempen abzubiegen. Sie halten sich immer geradeaus vorbei an einzelnen Bauernhöfen und dem dem Weg den Namen gebenden Spooshof. Dann fahren Sie über die Straßenüberführung in das Kempener Viertel „Hagelkreuz“, im Volksmund „Neue Stadt“ genannt. Der Fahrradweg führt Sie durch einen Grünstreifen, wobei Sie die ‚Söderblomstraße' queren, bis zum ‚Concordienplatz' und der erst 1993 errichteten **Christ-König-Kirche**. Auf der ‚Nansenstraße' fahren Sie zur ‚Straelener Straße', an der Sie sich nach links wenden. Gegenüber der Ampelanlage steht das **Hagelkreuz**, das in den 1960er Jahren dem gesamten Viertel den Namen gab. Solche Wegkreuze sollten Feld und Flur vor Unwetter und Hagelschlag schützen.

Sie wenden sich an der Ampel auf der ‚Kerkener Straße' nach rechts zur Stadtmitte und fahren durch das **Kuhtor** aus dem 14. Jahrhundert in die Altstadt. Wenn Sie sich direkt hinter dem Tor nach links wenden, kommen Sie wieder an der Burg an. Wenn Sie geradeaus fahren, gelangen Sie auf den Buttermarkt und damit in die Stadtmitte von Kempens schöner Altstadt.

Tour 1
A40
L361
Gleumeshof
Haus Velde
K14
Wall
Kapelle Heumischhof
L362
St. Hubert
Neersdommer Mühle
K12
Kloster Mariendonk
Weibeshof
Vinnhof
K23
Ziegelheide
Christ-König-Kirche
Niers
Schleck
Start
Kempener Burg
K12
St. Mariä Geburt
Kempen
K11
Haus Aldenhoven
K27
Kreuzkapelle
L361
Vinkrath
Kapelle St. Peter
L362
B509
Mülhausen
L444
Stieger-heide
Stiegerhof
Grefrath
Haus Steinfunder
0
1 km
Routenburg
K22
www.KARTENGRAFIK.de

Tour 2: Zu Herrensitzen und Höfen

Die Anfahrtsbeschreibung nach Kempen finden Sie auf S. 15

Tourenlänge : ca. 35 km

Schwierigkeitsgrad: einfach, durch ebenes Gelände, ohne Steigungen, vorwiegend befestigte Wirtschaftswege

Sie starten zur Herrensitze- und Höfe-Tour an der ehemaligen **kurkölnischen Landesburg** in Kempen (Beschreibung s. S. 45). Vom Parkplatz aus fahren Sie nach rechts am ehemaligen Franziskanerkloster aus dem 18. Jahrhundert, dem heutigen Museum, vorbei. Gegenüber der Giebelfassade der Klosterkirche fahren Sie nach rechts in die ‚Franziskanerstraße'. Vor der Ringstraße biegen Sie nach links auf den Fahrradweg. Die Ringstraße markiert übrigens den Verlauf des früheren äußeren Wassergrabens, der die Altstadt umschloss. Der innere Graben verlief in der heutigen Grünanlage. Vorbei am **Kuhtor** (ca. 1400, restauriert 1898), dem letzten Tor der Stadtbefestigung, fahren Sie bis zur Kreuzung ‚Ellenstraße'/‚Möhlenring'/‚Mülhausener Straße'. Vor Ihnen liegt die **Turmwindmühle**, die im 15. Jahrhundert als Teil der Stadtbefestigung errichtet wurde. An der Mühle wurde ein Stück der Stadtmauer in seiner ursprünglichen Höhe rekonstruiert.

Haus Neersdonk ist eher ein kleines Schlösschen und verdient den Namen Herrensitz zu Recht

Sie überqueren den ‚Ring', fahren ein Stück nach links über den Bürgersteig und von dort in die ‚Wiesenstraße', die an ihrem Ende zwischen Schule und Altenwohnanlage in einen Füßgänger- und Fahrradweg übergeht. Die ‚Oedter Straße' an der Fußgängerbedarfsampel kreuzend, biegen Sie vor der modernen **St. Josefs-Kirche** von 1990 nach rechts in den ‚Brahmsweg' ein, der auf einer ehemaligen Bahntrasse verläuft. An der Hauptstraße nehmen Sie den Radweg nach links. An der Einmündung ‚Klixdorf' 1-3,4 a können Sie, wenn Sie nach rechts abbiegen, nach einigen Metern den alten jüdischen Friedhof Kempens sehen. Für die Tour bleiben Sie auf der ‚Oedter Straße', überqueren den Kempener Außenring (B 509) und biegen bei der zweiten Möglichkeit hinter einem kleinen Wäldchen links in die ‚Stiegerheide' ein. Den Wirtschaftsweg fahren Sie fast bis zur nächsten Landstraße durch, direkt davor biegen Sie aber nach rechts in einen unbefestigten Schotterweg ein, der Sie zum alten Adelssitz **Routenburg** führt, der leider von dieser Seite wegen einiger Anbauten und einem Futtersilo nicht sehr ansprechend ist. Sie fahren rechts um die Routenburg herum bis zum Haupttor.

Die Routenburg wurde als steuerfreies Gut schon 1330 zum ersten Mal als Sitz einer bekannten Kempener Adelsfamilie benannt. Mitte des 19. Jahrhunderts wurde der immer noch wasserumwehrte Hof im Stil der

damaligen Zeit erneuert. Das schöne Herrenhaus sehen Sie vor sich. Reste des Grabens sind links neben dem Eingangstor zu sehen.

Am Tor wenden Sie wieder und radeln – das Scheunengebäude links neben sich lassend – zurück und schräg rechts auf den Wirtschaftsweg bis zur Kreisstraße K 22. Nach der Querung nehmen Sie den Radweg nach links. Hinter dem zweiten Bauernhof, dem Mollhof, geht es rechts auf dem Weg ‚Hahnenweide' in die Felder. Schon von weitem grüßt die Vorster Pfarrkirche St. Godehard herüber. Am Gams-(früher noch Jams-) hof und Kreuzwegstationen des Gotthardusweges aus dem 19. Jahrhundert vorbei geht die Tour nach **Haus Neersdonk**, das Sie schon von weitem als malerisches, weißes Schlösschen liegen sehen (s. S. 24). Hinter dem Wirtschaftshof können Sie nach rechts bis zum Eingangstor fahren.

Haus Neersdonk ist eine besonders schöne Anlage, die am Rande eines großen Waldgebietes liegt. Neersdonk bedeutet soviel wie „Anhöhe im Niersbruch". Das jetzige Herrenhaus ist – wie die Maueranker zeigen – im Jahre 1667 errichtet worden. Das zweigeschossige Gebäude aus Backstein mit einer Sieben-Fenster-Front und mit zwei dreigeschossigen diagonal liegenden Flankiertürmen ließ sich durch die Schießscharten der Türme nach jeder Seite hin beschützen und verteidigen. Die Windfeder auf der Spitze eines der barocken Turmhelme zeigt das Jahr 1775. Zu dieser Zeit wurden vermutlich Teile des Gebäudes restauriert und die Wirtschaftsgebäude erbaut. Früher gelangte man über eine Zugbrücke zum Herrenhaus, die jetzt durch eine feste Brücke ersetzt ist. In beiden Stockwerken befinden sich eine Reihe hoher, aber verhältnismäßig kleiner Zimmer. Der Rittersaal im ersten Geschoss wird durch einen altertümlichen Kamin geprägt. Dem Rittersaal benachbart liegt die ehemalige Schlosskapelle, die einzige in den festen Häusern der Umgebung. Die eigentliche Burganlage wird auch noch heute von Gräben umgeben, früher umschloss sie auf einer Fläche von einem Morgen Herrenhaus, Wirtschaftsgebäude und Gärten.

Wieder zurück auf dem Wirtschaftsweg setzen Sie Ihren Weg nach rechts fort bis zur ‚Oedter Straße', der Sie nach links ein kurzes Stück in Richtung Ortskern Vorst folgen. Direkt hinter der nächsten Kreuzung fahren Sie links auf den schmalen Radweg, eine ehemalige Bahntrasse, dem Sie bis zur Landstraße folgen. Um zum ehemaligen Adelssitz Haus Raedt, der versteckt in einem Wäldchen liegt, zu gelangen, müssen Sie ein Stück nach links und damit wieder ortsauswärts radeln. Gegenüber der Auffahrt zu **Haus Raedt** queren Sie die Landstraße. Bis zum Tor können Sie Ihr Fahrrad schieben, ab dort ist der Zutritt verboten.

Haus Raedt ist als kölnisches Lehen schon um 1300 erwähnt. Das heutige Herrenhaus ist ein einfacher, zweistöckiger, dreiachsiger Bau aus dem 17. Jahrhundert. Der westliche, von Ihrem Standort aus allein zu sehende Vorbau mit dem Portal stammt aus dem 19. Jahrhundert. An der Südwestecke des Herrenhauses steht ganz frei ein zweistöckiger, sechsseitiger Turm aus der ersten Hälfte des 17. Jahrhunderts. Er ist mit einem sechsseitigen, geschweiften Schieferdach geschützt, das von einer Laterne gekrönt wird. Einen näheren Anhaltspunkt für das Alter des Hauses geben Eisenanker mit der Jahreszahl 1635 am einfachen viereckigen Turm an der Südostecke der Vorburg. Die Anlage war früher von breiten, teils mehrfach gestaffelten Gräben umgeben, von denen noch Teile vorhanden sind.

Sie wenden das Rad und fahren über den Radweg der L 361 nach links zurück zum Ortskern von Vorst. Zur Kirche kommen Sie entweder über den ‚Steinpfad' oder die ‚Seulenstraße' 🍴. Neben der dreischiffigen neugotischen Kirche **St. Godehard** von 1895/96 finden Sie auch noch einige weitere hübsche Häuser, die die dörflich-kleinstädtische Atmosphäre unterstreichen. **Haus Brempt**, das nur wenige Meter Luftlinie entfernt liegt und das auf vielen Karten verzeichnet ist, ist wegen der Bebauung von der Kircheninsel aus nicht zu sehen. Auch von anderen Stellen ist die Sicht wegen der davor liegenden Treibhäuser eines Gartenbaubetriebes mehr als eingeschränkt. Auf Ihrer Tour fahren Sie zurück über die ‚Seulenstraße' auf die ‚Lindenallee', der Sie nach links folgen, um dann hinter der Tankstelle nach rechts in den ‚Wiemespfad' zu biegen. Hinter der Sporthalle wenden Sie sich nach rechts, bis Sie am Kirmesplatz auf die Umgehungsstraße stoßen. Folgen Sie dem Radweg nach links. Hinter dem Lärmschutzwall auf der linken Seite sehen Sie durch die Bepflanzung den

Fachwerk in der Ummauerung und Teile des ehemals großen Wassergrabens lassen das Alter von Haus Raedt erahnen

Wiemeshof, eine alte Brauerei, liegen. Ca. 400 m hinter dem Kirmesplatz auf Höhe des Wiemeshofes biegen Sie rechts in einen Feldweg ein, vor einer Wegkapelle in den Feldern wenden Sie sich wieder nach rechts. Auf dem ‚Gelles Kirchweg' radeln Sie durchs Feld auf den **Gelleshof** zu, der auffällige Giebel des früheren Wohn- und Speicherturmes, des so genannten Berfes, hebt sich bis Mitte Mai gut von den Bäumen ab. Trotz des Schildes „Privatgelände" ist es erlaubt, bis vor die Toreinfahrt zu fahren, um einen besseren Blick auf den ehemaligen Berfes zu bekommen.

Der Gelleshof, damals auch Etgenhof genannt, wurde 1346 zum ersten Mal urkundlich belegt. Lehensleute waren damals die Herren von Hüls, deren häufiger Vorname Geldolf zum Namensgeber für den Hof wurde. Haupthaus und Wirtschaftsgebäude des Gelleshofes waren bis zum Ende des 19. Jahrhunderts typische Vertreter eines wasserumwehrten, rheinischen Rittergutes, wurden aber abgerissen und 1880 neu aufgebaut. Das eigentlich heute noch Bemerkenswerte ist der ehemalige Berfes. Er wurde aus Eichenbalken und Lehmwerk schon vor 1500 in dreigeschossiger Bauweise errichtet. Ende des 16. Jahrhunderts mauerte Ludwig van Danwitz, der in den Gelleshof eingeheiratet hatte, die Stirnseite mit Backsteinen auf und baute um die anderen drei Seiten des Fachwerkturmes das heute noch stehende Wohnhaus. Das alte Ständerwerk blieb innen erhalten. Auch das Dachwerk des Berfes blieb stehen, das neue große

Der ehemalige Berfes des Gelleshofes ist in einem Wohngebäude des 17. Jahrhunderts versteckt

Dach wurde darüber errichtet. Im Laufe des 20. Jahrhunderts verfiel das Haus immer mehr, bis es um 1960 von der Familie des heutigen Besitzers mit viel Sachverstand wieder hergerichtet wurde.

Sie fahren den Zufahrtsweg zurück. Auf dem Wirtschaftweg folgen Sie scharf rechts dem Radwegschild. Sie queren mehrere kleine Wegkreuzungen und eine Kreisstraße, bleiben aber auf dem Weg. Hinter einer langgezogenen Rechtskurve sehen Sie links im Gelände die ersten Gebäude des Gutes **Groß Lind**.

Auffälligstes Baudenkmal ist die so genannte ehemalige Rossmühle, eine Scheune, die mit ihrem oktogonalem Grundriss und einem Strohdach in der niederrheinischen Landschaft eher fremd anmutet. Hier liefen in früherer Zeit Pferde im Rund und betrieben damit das Göpelwerk der Mühle. Sie können über die zweite Zufahrt zum Hofgelände bis zum großen Tor fahren und von hier aus die gesamte große Anlage betrachten. Das Haupthaus erhielt eine klassizistische Fassade vorgeblendet. In den linken Nebengebäuden lassen sich die Formen eines ehemaligen Berfes erkennen.

Nachdem Sie den Zufahrtsweg zurückgefahren sind, wenden Sie sich nach links und überqueren die Landstraße L 379 (Vorsicht!). Sie folgen dem Weg, auf der auch die NRR verläuft, bis in den Ortskern von St. Tönis. Hier biegen Sie nach rechts zunächst dem NRR-Schild folgend, um dann durch die Grünanlage auf einem Fuß- und Radweg nach links in Richtung Kirche zu fahren.

Zentraler Kern ist die katholische Pfarrkiche ***St. Cornelius****. Seit dem 14. Jahrhundert sind an dieser Stelle kleinere Vorgängerbauten belegt,*

Die alte Hofanlage von Groß Lind ist durch eine klassizistische Fassade im 19. Jahrhundert verändert worden

Themen-Tipp: Lehenswesen

Das Lehenswesen war eine besondere Form der Gefolgschaft. Sein Ideal war der auf gegenseitiger Treue aufgebaute Dienst. Der Lehensmann (Vasall) verpflichtete sich zur Hilfe und Gefolgschaft (z. B. bei Heerfahrten, aber auch am Hof des Herrn zu erscheinen (Hoffahrt)), der Herr wiederum verpflichtete sich zum Schutz gegenüber dem Vasall. Hierfür erhielt der Vasall das Nutzungsrecht an einem Grundbesitz, später auch ein Amt als Lehen. Dabei steht im Ideal das Dienen im Vordergrund. Oberster Lehensherr war im frühen Mittelalter der König, der die großen Fürsten als Vasallen hatte. Die wiederum hatten untergeordnete Vasallen (Aftervasallen). Diese reine Lehenspyramide konnte wegen des Erstarkens der Reichsfürsten nicht weiter durchgesetzt werden. Ursprünglich fiel das Lehen beim Tode von Herrn oder Vasall zurück an den Herrn oder seinen Erben. Um eine Erneuerung des Lehens musste nachgesucht werden. Später wurde das Lehen erblich, nur formal musste um eine Erneuerung gebeten werden.

die den hl. Clemens und hl. Antonius zu Patronen hatten. Ende des 19. Jahrhunderts waren sie zu klein für die stark angewachsene Gemeinde, man ersetzte sie durch einen Neubau nach Plänen des bekannten Kölner Architekten Heinrich Wiethase. Der alte Turm aus dem 17. Jahrhundert blieb erhalten; er wurde 1903/04 erhöht.

Die Bebauung schließt einen engen Kreis um den ehemaligen Kirchhof, die so genannte Kirchenimmunität. Im Ortszentrum innerhalb der früheren Wall-Graben-Anlage, die der Befestigung diente, befinden sich heute zahlreiche Geschäfte und Gastronomie.

Das älteste Haus im Ortskern dürfte das **Patrizierhaus Mertens** *am Kirchplatz aus dem Jahre 1745 sein. Es wurde von der Familie Bramers errichtet. Später kam der Hof an die Bauern- und Müllerfamilie Mertens. Urkundlich belegt ist eine Hofanlage an dieser Stelle schon im Jahr 1454. Die hinter dem Haus liegenden Scheunen und Stallungen wurden im 19. Jahrhundert errichtet. Heute beherbergen die Gebäude einen Hotel- und Gastronomiebetrieb.*

Die Kirchenimmunität verlassen Sie über die ‚Antoniusstraße' und fahren auf der ‚Hoch'- und der ‚Gelderner Straße' ortsauswärts. Schon von weitem sehen Sie das Wahrzeichen von St. Tönis, die **Streuff-Mühle**.

Die Turmwindmühle wurde 1769/70 erbaut. Mitte des 19. Jahrhunderts kam sie in den Besitz der Familie Streuff, der sie bis 1951 gehörte und die ihr auch den heutigen Namen gab. Die Mühle war bis 1945 in Betrieb und lieferte den Bürgern der Stadt das Mehl für das tägliche Brot. Nach dem Zweiten Weltkrieg, in dem sie stark beschädigt wurde, drohte die Mühle zu verfallen. Dank des Engagements des Heimatbundes St. Tönis sowie vieler Bürger wurde die Mühle 1977/78 restauriert.

Sie fahren die ‚Gelderner Straße' bis zum Ortsausgang und wenden sich an der Umgehungsstraße nach links auf den Radweg. An der Einmündung ‚Am Düngelshof' überqueren Sie die Umgehungsstraße, biegen nach einigen Metern nach rechts und fahren auf dem Wirtschaftsweg auf den vor Ihnen liegenden **Meerhof** zu. Wie häufig bei niederrheinischen Bauernhöfen findet man vor ihm ein baumbestandenes Marien-Kapellchen.

Der Meerhof – heute eine vierflügelige Hofanlage aus dem 19. Jahrhundert – weist einige Besonderheiten auf. Nicht nur, dass auch er noch über einen Berfes verfügt, der aber leider von außen nicht zu sehen ist, und dass er noch ein Wohnstallhaus aufweist, dessen Giebelseite – halb Fachwerk – Sie durch das offene Hoftor sehen können, nein, er hat auch ähnlich wie Groß Lind noch eine Rossmühle. Die Rossmühle des Meerhofes ist nicht frei stehend, sondern ein sechseckiger Anbau am vorderen Wirtschaftsgebäude und deshalb auch von außen gut zu erkennen. An dieser Seite lassen sich auch Reste der Wasserumwehrung erkennen.

Die Streuff-Mühle konnte nur durch die Initiative der Bürgerschaft vor dem Verfall gerettet werden

Sie fahren zurück auf den Wirtschaftsweg und nach links weiter bis zur nächsten Weggabelung. Hier fahren Sie nach links. Hinter dem nächsten Hof folgen Sie dem Schild Richtung Kempen nach links. Durch die Felder führt Ihr Weg bis zur Kreisstraße K 15. Sie wenden sich dem Hinweisschild „Kempen-Tönisberg" folgend auf dem Fahrradweg nach

Haus Bockdorf ist eine historische Hofanlage, die allen Besuchern offen steht

rechts. An der wenige hundert Meter weiter liegenden Ampel folgen Sie dem die K 11 begleitenden Fahrradweg Richtung Kempen. Wenig später sehen Sie rechts die große Hofanlage **Haus Bockdorf** liegen. An der Zufahrt zum Hof überqueren Sie die Straße und fahren bis zum großen Hoftor. An allen Tagen außer sonntags können Sie den Innenhof der Anlage betreten. Kunstgewerbliche Anbieter und ein Agrarkontor laden zum Schauen und zu einem kleinen Einkauf ein.

Haus Bockdorf wird 1358 zum ersten Mal urkundlich erwähnt. Der Name leitet sich vom niederdeutschen Wort für Buchendorf ab. Die wasserumwehrte Anlage kam im 19. Jahrhundert in den Besitz des Krefelder Industriellen von Loewenich (der auch die Kempener Burg zeitweise besaß). Das Torhaus ist aus dem 18. Jahrhundert mit Ergänzungen aus dem frühen 19. Jahrhundert. Vorgängerbauten gab es schon im 16. Jahrhundert. 1880 kam das Gut in den Besitz der Familie von Heimendahl, die Hof, Herrenhaus und Parkanlage umgestaltete. Die Familie betreibt in der denkmalgeschützten Anlage auch heute noch einen landwirtschaftlichen Gutsbetrieb.

Über den Radweg an der K 11 fahren Sie Richtung Kempen. An der ‚St. Töniser Straße' wenden Sie sich nach rechts. Sie überqueren die Ringstraße Ecke ‚Donkring'/‚Moorenring' und fahren durch den Grüngürtel zur Burg, Ihrem Ausgangspunkt, zurück.

Tour 2
Kempener Burg
Start
K12
K15
B509
Hüls
St. Mariä Geburt
Kempen
K27
Schleck
St. Josef
Haus Bockdorf
B9
Kamperlings
K11
Mülhausen
B509
L361
Routenburg
K11
K22
L444
Meerhof
Streuff-Mühle
Oedt
St. Cornelius
Krefeld
St. Tönis
Niers
Haus Raedt
Tönisvorst
L391
Haus Neersdonk
L379
Wiemeshof
Gut Groß Lind
K13
Vorst
Haus Brempt
St Godehard
L362
0
1 km
Gelleshof

Tour 3: Von Bruchlandschaften und Bergstraßen

Die Anfahrtsbeschreibung zur Kempener Burg finden Sie auf S. 15.

Tourenlänge: ca. 30 km

Schwierigkeitsgrad: leichte Steigungen, asphaltierte Wirtschaftswege

Vom Parkplatz aus biegen Sie links in die ‚Thomasstraße', queren den ‚Ring' und biegen am Ende der Straße nach rechts ab. Sie überqueren den Bahndamm und folgen links dem Radweg Richtung St. Hubert. Sie queren den Industriering, unterqueren den Kempener Außenring und befinden sich an der ‚Schauteshütte', einem Siedlungsschwerpunkt, dem der **Schauteshof** (2. Hof rechts) den Namen gab. Das große, zweigeschossige und im Hofraum frei stehende Wohnstallhaus wurde 1851 errichtet. Die Hofstelle selber ist älter, sie wird 1628 in einer Steuerliste genannt. An der Gabelung mit dem Wegekreuz halten Sie sich rechts, folgen der NRR und biegen nach rechts in die ‚Bendenstraße', die den Kendelbach begleitet. Rechter Hand steht eine Rekonstruktion des **Voescher Spritzenhauses** von 1779. Am Ende der Straße biegen Sie nach links in die ‚Bahnstraße' und erreichen über den ‚Markt' die katholische **Pfarrkirche St. Hubertus**.

Der Kirchbau hatte als Vorgänger eine Kapelle, die an der Grenze der beiden Honschaften (von Hundertschaft) Broich und Orbroich in der Mitte des 15. Jahrhunderts auf einem vom Kölner Erzbischof Dietrich von Moers gestifteten Gemeindegrund errichtet worden war. Von dieser kleinen Saalkirche, die 1790 zur Pfarrkirche erhoben wurde, besteht nur noch der 1524 begonnene Westturm. Ab den 1830er Jahren begannen die Planungen für einen Neubau, an dem nicht weniger als fünf Architekten nacheinander beteiligt waren. Die dann ab 1846 errichtete dreischiffige Hallenkirche ist eine der frühesten neugotischen Kirchen am Niederrhein. Spektakulär ist die in den Details unvollendet gebliebene Fassade. Der Umriss des mächtigen, in die Breite gezogenen Stufengiebels wird von den Pfeileraufsätzen mit Zinnenkranz regelrecht durchstoßen und erinnert an neugotische Burgenarchitektur.

Gegenüber der Kirche und etwas von der Straße zurückgesetzt liegt das **Pastorat***. Der verputzte, zweigeschossige Backsteinbau lässt mit dem klötzchenartigen Zahnschnitt am hölzernen Dachgesims seine klassizistische Entstehungszeit um 1800 erkennen. Die beiden eingeschossigen, zur Straße ausgerichteten seitlichen Baukörper zeigen mit geschweiften Giebeln und aufgesetzten Kanonenkugeln dagegen noch Elemente des Barocks; sie sind durch die Eisenanker auf 1791 datiert.*

Sie wenden sich zurück zum ‚Markt', biegen rechts in die ‚Breite Straße', der Sie ein kurzes Stück folgen, um dann nach links in die

Der Stufengiebel verleiht der Pfarrkirche St. Hubertus ihre unverwechselbare Silhouette

Straße ‚Auf dem Zanger' einzubiegen. Nach einer lang gezogenen Rechtskurve sehen Sie die **Wackertapp- oder Gesellschaftsmühle** vor sich liegen.

Die Backstein-Turmwindmühle (konische Holländermühle) mit Unterbau wurde 1859 errichtet. Nachdem sie kurz nach 1914 im Sturm ihre Flügel verloren hatte, wurde in den 1920er Jahren eine Dampfmühle mit Schornstein errichtet, die bis in die 1950er Jahre in Betrieb war. Das Dampfmaschinenhaus zwischen Schornsteinrest und Mühle wurde Mitte der 1970er Jahre abgerissen.

Sie wenden sich nach rechts und biegen am Ende der Straße ‚An der Mühle' in den Wirtschaftsweg nach links ein und fahren nun regelrecht bergab auf die sumpfige Niederung, das Bruch, zu, das die Nordgrenze des Amtes Kempen bildete. An der nächsten Querstraße biegen Sie nach links ab und folgen in ‚Escheln' rechts dem Signet NRR /Euroga, das Sie dann nach rechts parallel zum Bruch in die ‚Bendheide' führt. Am Ende der Straße biegen Sie, dem NRR /Euroga Signet folgend, links in die ‚Stendener Straße' ein. Ein Wegweiser leitet Sie zur „Waldschänke" 🍴. Von dort aus radeln Sie durch die Bruchlandschaft bis zur K 23, in die Sie links einbiegen. Bald sehen Sie das 1962 errichtete Stahlkastenstrebegerüst eines Förderturms, der zur 2001 stillgelegten **Zeche Niederberg** gehörte. Sie queren die B 9 und fahren hinauf nach Tönisberg. Das über

Die Tönisberger Kastenbockwindmühle liegt auf einem der höchsten Punkte des Kempener Landes

Jahrhunderte geldrische Dorf Tönisberg gehört seit 1970 zur Stadt Kempen. Auf halber Höhe liegt rechts die **Antoniuskapelle**.

Die um 1820/30 errichtete Kapelle mit Laubenvorbau ist dem am Niederrhein besonders verehrten hl. Antonius dem Einsiedler, geweiht, der Tönisberg den Namen gab. Der ‚Ferkestönn' galt als Schutzheiliger der Haus- und Nutztiere.

Auf der Bergkuppe steht die **Tönisberger Kastenbockwindmühle**.

Der Bau einer Mühle wurde den Tönisbergern erst 1802 in der Zeit der französischen Besatzung genehmigt. Die aus Eichenholz gefertigte Kastenbockwindmühle verkörpert den ursprünglichen Typus der Windmühle. Der Mühlenkasten ruht auf einem Bock und konnte mit Hilfe des so genannten „Krühsteerts" in den Wind gedreht werden. Bis 1913 war die Mühle in Betrieb, schon 1925 wurde sie als technisches Denkmal unter Schutz gestellt. Im Zweiten Weltkrieg diente sie als Flugabwehr-Beobachtungsstand. Interessierte können den Schlüssel im Wohnhaus neben der Mühle erbitten.

Sie fahren nach links den Berg wieder hinunter und queren die ‚Bergstraße'. Dem ‚Erprathsweg' folgen Sie hinab bis zum **Haus Erprath**.

Das ehemals freiadelige (allodiale) Haus Erprath bildete den südlichen Abschluss der aus Wall und Graben bestehenden Befestigung Tönisbergs.

Der jetzige Bau ist nach einem Brand im frühen 19. Jahrhundert unter Nutzung der Reste des Vorgängerbaus errichtet worden. Im rückwärtigen Landschaftsgarten aus der zweiten Hälfte des 19. Jahrhunderts entstanden unter geschickter Ausnutzung der ehemaligen Grabenanlage kleine Wasserläufe und Teiche.

Haus Baaken ist eines der ältesten Häuser im Tönisberger Ortskern

Sie fahren links um das Haus herum am Garten entlang, an dessen Ende Sie links in den ‚Wolfersdyk' einbiegen. Am Ende des ‚Wolfersdyks' halten Sie sich links und fahren Richtung Ortsmitte und **Kirche**.

Die Pfarrkirche St. Antonius geht zurück auf eine 1437 gegründete Kapelle. Um diese Kapelle bildete sich der Kern des Dorfes Tönisberg. Nach der Erhebung zur Pfarre 1529 wurde mit dem Bau einer neuen, einschiffigen Kirche aus Backstein mit Westturm begonnen. 1893 wurde dieser Bau bis auf den Turm niedergelegt und ein wiederum einschiffiger Neubau in neugotischen Formen errichtet. Der alte Turm ist dabei ummantelt und mit zwei seitlichen oktogonalen Türmchen versehen worden, die einerseits den Übergang zu dem breiten Langhaus mit vorspringendem Querhaus bilden, andererseits aber auch eine Art Dreiturmfassade andeuten.

Wenn Sie links an der Kirche vorbeigehen bis zur Einmündung der ‚Bergstraße', können Sie einen Blick auf das auf der gegenüberliegenden Straßenecke stehende **Haus Baaken** werfen.

Das zweiflügelige Haus stammt aus vier verschiedenen Bauphasen. Der Flügel zur ‚Bergstraße' ist im Kern ein Fachwerkbau aus der Zeit um 1500. 1611 wurde daran im rechten Winkel ein weiterer Fachwerkbau angeschlossen und die vereinheitlichende, repräsentative Backsteinfassade zur ‚Bergstraße' mit dem markanten vierfach gestuften Schweifgiebel vorgebaut. Um 1750 wurde die Front zur ‚Bergstraße' hin mit Pilastern neugestaltet.

Wenden Sie das Rad und fahren Sie auf der ‚Rheinstraße' zurück, auf der Sie gekommen sind. Dieser folgen Sie immer geradeaus. Der auf der rechten Straßenseite gelegene **Michelshof** (Haus Nr. 28) ist eine vierflügelige Backstein-Hofanlage. Das durch seinen Keilstein auf 1893 datierte Torhaus fällt durch die Verwendung von hellen Klinkern zur Akzentuierung der architektonischen Details auf. Die hellverputzte, klassizistische Fassade des Wohnhauses vermittelt in der dörflichen Umgebung einen geradezu herrschaftlichen Eindruck.

Sie bleiben auf der ‚Rheinstraße' bis zu ihrem Ende, halten sich weiter geradeaus und kommen in die Straße ‚Achterberg', diesem Wirtschaftsweg folgen Sie über eine Kreuzung hinweg und radeln bergauf. Bei der Abfahrt sehen Sie links den **Hülser Berg** und die Spitze seines Aussichtsturmes. An der Wegekreuzung, an der sich links ein Bauernhof befindet, biegen Sie rechts in die Straße ‚Siebenhäuser' ein. Am Ende der Straße biegen Sie links auf den Radweg R1 Richtung Krefeld. Sie radeln ein Stück an der B 9 entlang und bald erscheint auf der linken Seite ein Wiesenstück: Hier, im ehemaligen Bruchstreifen lag ein **befestigter Ort an der Vinnbrück**.

An der Grenze zwischen dem kurkölnischen Amt Kempen und der Grafschaft Geldern sind für das Jahr 1284 eine Brücke über den Landwehr-

bach mit Schlagbaum und ein sich südlich an die geldrische Landwehr anlehnender befestigter Ort bezeugt, der sich aber nicht zur Stadt entwickelt hat. Später wurde die durch künstliche Aufschüttung entstandene Anlage als Zufluchtsort für die Bauern und ihr Vieh genutzt. Von der ehemals fünf Hektar umfassenden Schanze, der größten ihrer Art im Kreisgebiet, ist heute im Gelände nur noch die südöstliche Ecke mit Wall und Außengraben, Vorwall und -graben gegen Süden und eine Erhebung im Winkel, wohl als Basis für einen Turm, zu sehen.

Gegenüber dem Restaurant „La Terrazza" 🍴, auf dessen Höhe sich ein Durchlass durch die Landwehr befand („Vinnbrücksbaum"), queren Sie die B 9 und befahren die parallel zur Kempener Landwehr verlaufende Straße ‚Hinterorbroich'. Am Beginn der Straße liegt links das **Scheifen-Heiligenhäuschen**.

Auf dem Inschriftbalken des kleinen Backsteinbaus mit Schweifgiebel ist zu lesen: „1695 ist diese Capel zu Ehren der H Dreyfaltigkeit und Maria gebaut He opfert Dank Opfer und bittet im Namen Jesus und Maria die Gnadt desz H. Geistes ohn die Gnad kann kein gutes Werck ver reicht werden und kein Sunder bekehret werden." Sie war Ziel von am Dreifaltigkeitstag durchgeführten Prozessionen. Im Zweiten Weltkrieg beschädigt wurde sie 1948 originalgetreu rekonstruiert.

Der Straße folgend, sehen Sie links hinter dem Kriegerdenkmal den **Fimmershof** mit seinem Torbau von 1812. In seiner Geschichte findet sich eine Begebenheit, die Bedeutung und Funktion der Honschaft als Organ bäuerlicher Selbstverwaltung gut illustriert. Als der Hof 1797 abbrannte, kaufte die Honschaft zwei Fachwerkscheunen, ließ sie ab- und

Der Michelshof – Einbruch des Klassizismus in die dörfliche Bebauung

Themen-Tipp:
Landwehr

Dort, wo der Grenzverlauf des Amtes Kempen nicht durch natürliche Hindernisse wie die Niers im Westen oder schützende Brüche und Sümpfe im Norden und Nordosten gesichert war, ließ der Landesherr, wie es auch in anderen Territorien üblich war, gegen Ende des 13. Jahrhunderts eine Landwehr anlegen. Die Bewohner des Amtes, seine „Untertanen", mussten diese Fronarbeit (Arbeit für den Herren) mit Spaten und Karren leisten.

Die Wehranlage bestand aus drei bis vier künstlich aufgeschütteten Wällen und dazwischen liegenden Gräben, die heute nur noch an wenigen Stellen in der Landschaft sichtbar sind. Ursprünglich waren die Gräben erheblich tiefer und oft mit Wasser gefüllt; die Wälle waren mit dichtem, meterhohem Buschwerk bewachsen. Die Durchlässe in der Landwehr waren mit Schlagbäumen, Meyen, verschlossen. Die Bedeutung der Landwehr lag weniger im strategischen als vielmehr im wirtschaftlichen Bereich. Die Landwehr konnte fremdes Vieh am Eindringen und eigenes am Weglaufen hindern und z. B. in Kriegszeiten Marodeure abhalten.

bei Fimmers als Wohnhaus und Scheune wieder aufbauen. Zusätzlich hob die Honschaft etwas von ihrem Kapital zugunsten des Fimmers-Bauern ab. Bald erreichen Sie den **Düfelshof**.

Der liebevoll rekonstruierte Düfelshof (nach einer früheren Besitzerfamilie Teufels) ist ein niederrheinisches Hallenhaus (s. S. 136). Zeitweilig war der Hof an das Haus Gastendonk abgabepflichtig, zudem musste er dem Schließer des Vinnbrückbaumes jährlich zwei Hühner als Erbpacht geben. Mit der heimischen Kunstgeschichte ist der Hof durch den Krefelder Maler Heinrich Nauen verbunden, der hier ab 1902 für drei Jahre sein Atelier hatte.

Wenn Sie in den Feldweg hinter dem Düfelshof rechts hineinradeln, kommen Sie nach wenigen Metern zu einem recht gut erhaltenen, ca. 400 m langen Teilstück der **Kempener Landwehr**, gebildet aus drei bzw. vier aufgeschütteten Wällen mit Gräben.

Vor der Gasstation biegen Sie links in den Wirtschaftsweg ein und radeln leicht bergauf. Sie biegen in die Straße ‚Mittelorbroich' rechts ein und sehen links schon das **Haus Gastendonk**.

Der in der Niederung auf einem künstlich geschaffenen Erdhügel (Donk) liegende und ursprünglich allseitig von Wassergräben umgebene Adelssitz war ein moersisches Lehen und wurde 1348 erstmals urkundlich erwähnt. Durch Heirat kam das Haus 1623 an den Freiherrn

Konstantin von Neukirch gen. Nyvenheim, der u. a. auch Amtmann auf der Kempener Burg war. Er ließ laut Maueranker 1627 die Vorburg mit Torhaus und Ecktürmen erbauen. Das Wohnhaus, das früher durch einen Graben von der Vorburg getrennt war, wurde erst in der zweiten Hälfte des 18. Jahrhunderts als Rokokopalais errichtet.

Sie folgen weiter der Straße ‚Mittelorbroich' bis zur K 23, die Sie queren und links auf den Fahrradweg einbiegen. Sie folgen der K 23 bis zur ‚Orbroicher Straße' und dem Hinweisschild zum Berfes, hier queren Sie die K 23 erneut. Bald erreichen Sie den **Raveshof**.

Am Raveshof ist nicht das Wohnstallhaus der 1453 erstmals urkundlich erwähnten Hofanlage interessant, sondern der in einem gewissen Abstand errichtete, so genannte Berfes (abgewandelt von Bergfried). Von den 15 belegten Berfessen rund um Kempen ist dieser wohl noch im 15. Jahrhundert errichtete Bau der einzige, der nahezu original erhalten ist. Das erhöhte, ursprünglich wohl von einem eigenen Wassergraben umgebene dreigeschossige, teilunterkellerte Fachwerkgebäude besaß eine Doppelfunktion als Speicher und als Fluchtturm für Mensch und Tier. Da der Berfes im Erdgeschoss innen bis auf Schulterhöhe durch Bohlen verstärkt ist, bot er Schutz vor leichteren Angriffen. Vom obersten Geschoss aus konnte man, geschützt durch das weit vorkragende Dach, die Umgebung gut überblicken. Die Konstruktion des

Das imposante Haus Gastendonk bietet heute exklusives Wohnen in geschichtsträchtigen Mauern

auf nahezu quadratischem Grundriss errichteten Baus besteht aus acht, ursprünglich auf Findlingen ruhenden und bis zum Krüppelwalmdach reichenden Eichenholzständern. Die Decken der beiden nur über Leitern erreichbaren Obergeschosse bestehen aus Bohlen mit Lehmbelag.

Die ‚Orbroicher Straße' wird zur Straße ‚Vorderorbroich', an der nächsten Kreuzung biegen Sie rechts in den ‚Orbroicher Mühlenweg' ein, dessen Name sich auf die zum Haus Gastendonk gehörende, 1913 abgebrochene Windmühle bezieht. Im 17. Jahrhundert war sie an den Besitzer des **Fennershofes** verpachtet. An diesem Hof („Kartoffelhof Boves") radeln Sie bald, nachdem Sie rechts in die ‚Hülser Landstraße' eingebogen sind, vorbei. Heute erinnern nur noch zwei in die Hofmauer eingesetzte Wappensteine an die schon 1459 erwähnte Hofanlage. Hinter dem Hof biegen Sie in den nächsten asphaltierten Wirtschaftsweg nach links ab, folgen dem Weg bis zum Wasserwerk und biegen rechts ab. An der K 23 angekommen, wenden Sie sich nach links und folgen der Kreisstraße. Auf der linken Seite sehen Sie die für ‚Königshütte' namengebende Hofstelle, den **Königshof**. Sie nehmen den gegenüber des benachbarten Reepenhofes nach rechts abzweigenden Wirtschaftsweg, halten sich geradeaus und queren bei dem hell gestrichenen Beulertz-Hofkreuz die ‚Bellstraße'. An dem für den Siedlungsschwerpunkt Scheifeshütte namensgebenden Hof, dem Scheifeshof (Nr. 15), biegen Sie links ab. Sie nehmen gleich den nächsten Weg rechts und kommen an zwei weiteren sehr alten Hofstellen, dem **Kaats-** und **Dröneshof**, vorbei. Da Sie den Kempener Außenring an dieser Stelle nicht queren können, halten Sie sich rechts. An der ‚Kempener/St. Huberter Landstraße' fahren Sie nach links zurück nach Kempen. Hinter den Gleisen biegen Sie rechts ab Richtung Bahnhof, biegen links in die ‚Thomasstraße' ein und fahren geradewegs auf die Kempener Burg zu.

Der Berfes auf dem Raveshof ist der besterhaltene bäuerliche Wehrturm im Kreis Viersen

Tour 3
0
1 km
www.KARTENGRAFIK.de
Stenden
Landwehrbach
B9
A40
L362
L476
St. Antonius
Haus Baaken
Michelshof
Tönisberg
Kastenbockwindmühle
Haus Erprath
Vinnbrück
Escheln
Düfelshof
Scheifen-
Heiligenhäuschen
Fimmershof
K23
Haus Gastendonk
Raveshof
Wackertappmühle
St. Hubertus
K14
St. Hubert
Hüls
K2
K15
Kempen
Start
St. Mariä
Geburt
Kempener Burg
B509

Die Stadt Kempen und ihre Sehenswürdigkeiten

Die **kurkölnische Landesburg** gehörte dem Kurfürsten und Erzbischof von Köln. Anstelle eines Herrenhofes wurde sie zwischen 1396 und 1400 als Teil der Mauer- und Befestigungsanlage errichtet. Sie ist eine der seltenen dreitürmigen niederrheinischen Burgen, vorgelagert war eine Vorburg mit Wirtschaftsgebäuden und Stallungen (heute Parkplatz), übrig ist nur der Turm auf der Westseite. Der innere Graben der Stadtbefestigung wurde um die Burg herumgelenkt und ist heute noch – wenn auch ohne Wasser – erhalten. 1634 wurde die Burg umgebaut, die Mauern verjüngt, die Fenster vergrößert. Danach wurde das Gebäude für fast 250 Jahre das „Kempener Schloss“ genannt. Die Kernburg war ein unregelmäßiges dreiseitiges Gebäude um einen Innenhof. Der Haupteingang war von der Vorburg aus zu betreten, eine (Zug-)Brücke führte über den Graben. Nach der Säkularisation unter der französischen Herrschaft kam die Burg in Privatbesitz, wurde später wieder von der Stadt angekauft und vom Gymnasium Thomaeum genutzt. In den 1920er Jahren wurde sie wieder Sitz der Kreisverwaltung. Heute beherbergt sie das Archiv des Kreises Viersen.

Das ehemalige **Franziskanerkloster** geht auf eine Stiftung von 1627 zurück. Nach Zerstörungen im Dreißigjährigen Krieg wurde ein Neubau mit Förderung des Kölner Erzbischofs Clemens August errichtet. Die vierflügelige Anlage, in der die Kirche aus dem 17. Jahrhundert integriert wurde, besticht durch ihre ausgewogenen Proportionen. Im Innenbereich zeigen schöne Stuckdecken und Fliesenfriese den Einfluss des Kurfürsten. Heute befindet sich das Städt. Kramermuseum mit einer Sammlung zur bürgerlichen Wohnkultur und das Niederrheinische Museum für Sakralkunst in der Paterskirche, in der neben anderen Exponaten der beachtliche Schatz der Pfarrkirche St. Mariae Geburt zu betrachten ist.

Älteste erhaltene Fachwerkzeile der Stadt ist die so genannte ‚**Alte Schulstraße**'. Die meisten anderen Fachwerkhäuser wurden in der siebenjährigen Besatzung von 1642 bis 1649 zerstört. Die Fachwerkhäuser in der

Der Kempener Rundling aus der Vogelperspektive

Über den Burggraben führte bis zum 17. Jahrhundert eine Zugbrücke

In der malerischen ‚Alte Schulstraße' findet sich die einzige noch erhaltene Fachwerkreihe Kempens

‚Alten Schulstraße' wurden in einem Zug um 1600 erbaut. Sie wurden vermietet an Handwerker, die im vorderen Bereich eine Werkstatt betrieben, im hinteren Bereich und den Obergeschossen mit Familie und Gesinde lebten. Die Häuser sind schmal und nicht tief, die vorkragenden Geschosse im oberen Bereich boten ein wenig mehr Raum. Zwei Türstürze erinnern an die Zeit, als die ‚Schulstraße' noch ‚Bruckersche Straße' hieß und hier Schuhmacher ihrem Handwerk nachgingen.

Das **Kuhtor** am Ende der gleichnamigen ‚**Kuhstraße**' ist das letzte erhaltene Stadttor Kempens. Der ursprünglich zweistöckige Torturm wurde um 1400 errichtet, wie bei allen vier Kempener Toren war ihm ein Vortor vorgelagert. Ende des 19. Jahrhunderts wurde das Kuhtor im Stil der Zeit neugotisch umgebaut, ein weiteres Geschoss und zusätzliche „gotische" Details wurden ergänzt.

Auf dem ‚**Buttermarkt**', weltlichem Zentrum Kempens, spielen Wochenmärkte und Jahrmärkte seit dem 14. Jahrhundert eine beherrschende Rolle. Im Mittelalter war Kempen mit sechs auf das Jahr verteilten Jahrmärkten das Marktzentrum des Kurfürstentums Köln. Um den ‚Buttermarkt' entfalten zahlreiche Gaststätten und Restaurants gerade im Sommer einen Charme, für den Kempen im weiten Umfeld beliebt ist.

Mit dem Bau der Pfarrkirche **St. Mariae Geburt** wurde um 1200 begonnen. Da ohne „öffentliche Gelder" gebaut wurde, benötigte man nahezu zweieinhalb Jahrhunderte, um das Bauwerk fertig zu stellen. Noch heute kann man am Turm die unterschiedlichen Baustile der Romanik und Gotik ablesen. Nach Zerstörungen im Zweiten Weltkrieg wurde die Kirche renoviert, eine weitere Renovierung mit der heutigen farbigen Fassung erfolgte um 1990. St. Mariae Geburt beherbergt hervorragende Kunstwerke wie niederrheinische und niederländische Schnitz- und Goldschmiedearbeiten aus dem späten Mittelalter.

Auf dem Kirchplatz erinnert ein Denkmal an Thomas Hemerken, besser bekannt als **Thomas von Kempen**. Thomas, 1380 in Kempen geboren, wurde mit 13 Jahren Augustinermönch im niederländischen Zwolle. Er war inspiriert von der spätmittelalterlichen Frömmigkeitsbewegung „devotio moderna", die praktisch-erbauliche Betrachtung und tätige Nächstenliebe verband. Ihm wird eines der berühmtesten und meistgelesenen Werke der Christenheit „Die Nachfolge Christi" zugeschrieben. Am Ende der ‚Peterstraße' steht als letzter Teil des ehemaligen Petertores der **Peterturm**. Er gehörte zum Vortor, auf der Höhe der Stadtmauer befand sich das eigentliche Haupttor (s. Modell).

Die **Stadtmauer**, die eine Länge von 1,8 Kilometer und eine Höhe von 7 Metern hatte, besaß vier Stadttore, vier große darin integrierte und mindestens acht weitere Türme. Ihr vorgelagert war eine doppelte Wall- und Graben-Anlage. 1773 wurde die Mauer geschleift, nur eine kleinere Ausgabe von 2,5 m umgab seitdem die Stadt und ist heute wieder restauriert.

Die **Turmwindmühle** wurde 1481 als ein Teil der Stadtbefestigung errichtet. Im Falle einer Belagerung sicherte sie die Mehlversorgung für die städtische Bevölkerung. Während die Mühle im Gegensatz zur Mauer der hessischen Belagerung 1642 standhielt, wurde sie im 20. Jahrhundert zweimal durch Feuer und Erdbeben zerstört.

Über der Kempener Altstadt erhebt sich der Westturm der 800-jährigen Pfarrkirche St. Mariae Geburt

Das frühere Amt Krickenbeck im Herzogtum Geldern

Das Amt Krickenbeck gehörte bis zur napoleonischen Zeit zur Grafschaft, dem späteren (seit 1339) Herzogtum Geldern. Das Gebiet der Grafen zu Geldern bildete sich im 11. Jahrhundert aus unterschiedlichen Lehen, Vogteien und Freigütern heraus. Bis zum 13. Jahrhundert verlagerte sich der Schwerpunkt von Wassenberg nach Norden um das Namen gebende Geldern. Seit dem späten Mittelalter wurde das Herzogtum Geldern in vier Quartiere eingeteilt, in die so genannten Nieder-quartiere Nimwegen, Zutphen und Arnheim – die in etwa die heutige niederländische Provinz Gelderland ausmachen – und das so genannte Oberquartier von Roermond. Das Oberquartier, das sich am oberen Lauf der Maas erstreckte – daher der Name – umfasste große Teile des heutigen Mittel- und Nordlimburgs um Roermond und Venlo und Teile der heutigen Kreise Kleve, Viersen und Heinsberg. Das Oberquartier war seit dem Ende des 13. und Anfang des 14. Jahrhunderts in Verwaltungsdistrikte eingeteilt, neben Montfort (zu dem auch Elmpt gehörte), Kessel und Geldern war eines der großen Ämter das Amt Krickenbeck, zum kleinen Amt Erkelenz gehörte Niederkrüchten.

Das Amt Krickenbeck wurde gebildet aus den Kirchspielen Viersen (das wie eine Insel in jülichschem und kurkölnischem Gebiet lag), Grefrath, Lobberich, Hinsbeck, Leuth, Herongen und Wankum. Vom Grafen eingesetzte Amtmänner vertraten seine Rechte in einem bestimmten, klar umrissenen geographischen Bezirk. Die Burg Krickenbeck war bis in die Mitte des 14. Jahrhunderts Verwaltungsmittelpunkt eines Amtes. Dann aber wurde sie in dieser Funktion von anderen Burgen (Wachtendonk, Erkelenz, Wickrath) abgelöst. Das Amt jedoch behielt den Namen Krickenbeck.

Zur wechselhaften Geschichte des Herzogtums Geldern hier nur so viel: Seit 1543 gehörte das Herzogtum Geldern zu den habsburgischen („spanischen") Niederlanden. Nachdem sich in den 1580ern die Niederquartiere den nördlichen Niederlanden anschlossen, waren Oberquartier und Niederquartiere getrennt. Im Frieden von Utrecht 1713, der den spanischen Erbfolgekrieg beendete, wurde das Oberquartier aufgeteilt, das Amt Krickenbeck wurde wie die Ämter Geldern, Straelen und Wachtendonk preußisch. Roermond und Umgebung fielen an Österreich, Venlo z. B. an die Republik Niederlande. Doch behielt das ehemalige Oberquartier eine Sonderstellung, es blieb bei der Anwendung des geldrischen Land- und Stadtrechtes, einem Ständekollegium und der Verwendung des Niederländischen als offizieller Sprache. Der Einzug der Franzosen zerstörte auch diesen letzten Rest von Gemeinsamkeit, nach 1814 verblieb nur ein Teil des Oberquartiers bei Preußen, den Niederlanden fiel der wesentlich größere Teil zu.

Das Wasserschloss Krickenbeck – eine Augenweide inmitten eines malerischen Parkes

Tour 4: Durch das Krickenbecker Land

4

Anfahrt: So erreichen Sie den Startpunkt dieser Radtour, das Schloss Krickenbeck und die Krickenbecker Seen, von der A40 Richtung Venlo/NL kommend. Sie nehmen die Abfahrt Straelen-Herongen, fahren dann Richtung Nettetal über die B 221. Vor dem Dorf Nettetal-Leuth biegen Sie links auf die B 509, vor Nettetal-Hinsbeck folgen Sie am Kreisverkehr dem Schild „Krickenbecker Seen“. Am Ende der Straße liegt der Parkplatz vor den Krickenbecker Seen am „Strandhaus Krickenbeck“. Wenn Sie die A 61 Richtung Niederlande fahren, nehmen Sie die letzte Abfahrt vor der Grenze Nettetal-Kaldenkirchen und fahren auf der B 221 rechts Richtung Nettetal-Leuth. Hinter Nettetal-Leuth biegen Sie links auf die B 509, vor Nettetal-Hinsbeck folgen Sie am Kreisverkehr dem Schild „Krickenbecker Seen“. Am Ende der Straße liegt der Parkplatz vor den Krickenbecker Seen.

Tourenlänge: 35 km

Schwierigkeitsgrad: leicht bis mittel, einige Steigungen und unbefestigte Wanderwege

Der Parkplatz liegt direkt an den vier Krickenbecker Seen, die im 17. und 18. Jahrhundert durch Austorfung großflächiger Niedermoore entstanden. Heute ist das gesamte Gelände um die malerisch gelegenen Seen Naturschutzgebiet. Vom Parkplatz wenden Sie sich mit dem Fahrrad wieder zur Straße, auf der Sie hergekommen sind und fahren nach links (Hinweisschild „Akademie Schloss Krickenbeck“) über den Damm zwischen den Seen „Hinsbecker Bruch“ und „Glabbacher Bruch“. Wenn Sie an den Seen vorbeigeradelt sind, sehen Sie rechts zwischen Bäumen und Sträuchern die Mauern von **Schloss Krickenbeck** hindurchschimmern. Links liegt versteckt im Gebüsch die **Pestkapelle des hl. Rochus**.

Das Wasserschloss Krickenbeck liegt zwischen dem Glabbacher Bruch und dem Poelvennsee. Es wird schon um 1250 genannt (s. S. 49 u. 68). Um 1650 wurde es zu einer vierflügeligen Anlage umgebaut. Nach einem Brand wurde es 1903 im Neu-Renaissance-Stil wieder aufgebaut. Die Vorburg mit Torturm ist von 1695. Früher war die Burg Sitz des geldrischen Amtmannes. Seit 1673 bis in die 1980er Jahre befand es sich im Besitz der Grafen von Schaesberg, einer bedeutenden niederrheinischen Adelsfamilie, die zahlreiche Amtmänner in den niederrheinischen Territorien stellte. Das in den 1970er stark vom Verfall bedrohte Schloss wurde Ende der 1980er Jahre von der Westdeutschen Landesbank gekauft und vorbildlich renoviert. Heute betreibt die Bank dort ein Ausbildungszentrum, die Anlage ist leider für die Öffentlichkeit nicht zugänglich.

Die Scheune „ Alt Kämpken“ ist ein Museum zur niederrheinischen Textilmanufaktur

Auf der verkehrsberuhigten Straße, der ‚Schlossallee', fahren Sie durch den Wald und vorbei am linker Hand liegenden Schrolik-See bis zur Abbiegung zum Poelvennsee, der Sie nach rechts folgen. Auf dieser Straße bleiben Sie bis zum Ausflugslokal „Strandhotel Poelvennsee' , das Sie rechts liegen lassen. Geradeaus geht es weiter über den an dieser Stelle im Gelände nicht leicht zu erkennenden **Nordkanal**, den „Grand Canal du Nord" des Kaisers Napoleon.

1807 begannen französische Ingenieure auf Befehl Napoleon Bonapartes den 53 km langen Nordkanal zwischen Neuss und Venlo anzulegen, der über weitere Kanäle die Schelde bei Antwerpen erreichen sollte. Mit diesem Kanal wollte Napoleon die damals von ihm noch nicht unterworfenen Niederlande vom Rheinhandel abschneiden. Nach der Einnahme der Niederlande wurden die Bauarbeiten am zu zwei Drittel fertig gestellten Kanal 1811 vorläufig, 1813 vollständig eingestellt. Der Kanal sollte eine Breite von 16 m und eine Tiefe von 2,60 m haben, auf den Dämmen rechts und links waren Treidelpfade zum Schleppen der Lastkähne durch Pferde vorgesehen. Bei den Bauarbeiten ließ man zuerst einen Mittelsteg stehen, auf dem man den Abraum abtransportierte. So sieht es an der Stelle, die Sie überqueren, so aus, als ob zwei Gräben ausgehoben worden seien. Um den Niveauunterschied zwischen Neuss und Venlo auszugleichen, waren insgesamt sieben Schleusen geplant, die jeweils 4 m Höhenunterschied überwinden sollten. Die Schleuse Louisenburg – benannt nach Napoleons Gattin Marie-Louise – liegt abseits dieser Route ca. 2 km entfernt, wenn Sie der NRR nach links folgen.

Wenn Sie nicht zur Schleuse wollen, fahren Sie hinter dem Nordkanal nach rechts auf die NRR, der Sie nun – den Nordkanal zuerst rechts, später links neben sich – folgen. An einigen Bauernhäuschen geht es vorbei, bis Sie direkt vor sich auf die **Flootsmühle** an der Nette stoßen.

Die Flootsmühle („Flussmühle") ist an dieser Stelle seit dem 16. Jahrhundert (1556) nachgewiesen. Im Jahr 1706 kam die kleine Kornmühle in den Besitz der Grafen von Schaesberg. Sie ist eine der vier Wassermühlen am Unterlauf der Nette hinter den Krickenbecker Seen. Das Mühlrad wurde um 1857 abgebrochen und an seiner Stelle an die Giebelseite des Hauses ein kleiner Anbau gebaut. Der hintere Teil des Hauses von der Straße aus gesehen ist das alte Müllerhaus, an der Steinbrücke wurde das Wasser für das Mühlrad gestaut. Ein schlichtes Holzkreuz am Baum vor dem Müllerhaus erinnert daran, dass die Flootsmühle Rast- und Andachtsstätte für Pilger nach Kevelaer war (und ist). 1945 brachte ein amerikanischer Panzer die Brücke von 1756 zum Einsturz.

Sie fahren links über die ‚Jülicher Straße', einer alten Römerstraße, bis rechts der Wanderweg X 12 abbiegt. Gegenüber der Abzweigung liegt versteckt im Gras ein großer Findling, der so genannte **Teufelsstein**. Der Teufel selbst soll den sagenumrankten Stein hierhin geschleudert haben, manche wollen auch seinen Fingerabdruck auf der Oberfläche erkennen. In Wahrheit ist der Findling wohl um 1300 an dieser Stelle abgelegt worden. Hier biegen Sie rechts in den unbefestigten Wanderweg X 12 ein. Nach einer leichten Steigung kommen Sie vor eine ehemalige amerikanische Raketenstation, hier fahren Sie links und direkt wieder rechts. Der Weg bringt Sie um das Militärgelände herum bis zu seinem früheren Haupteingang. Ein kurzes Stück weiter führt ein breiter Schotterweg in die Felder, dem Sie geradeaus folgen. Der Weg führt Sie einen Hügel hinunter. Unten stoßen Sie auf die K 1, deren Radweg Sie nach links weiter führen wird. Ein kleiner Abstecher nach rechts lohnt sich allerdings, denn unter den Häusern zur Rechten ist die ehemalige **Kovermühle**, die zweite ehemalige Wassermühle an der unteren Nette. Leider ist von der alten Korn- und Ölmühle, die auch den Grafen von Schaesberg gehörte, nichts mehr zu erkennen. Nur der hübsche Mühlenhof hat als Wohngebäude überlebt. Fahren Sie nach dem Abstecher zurück über den Radweg bis zur **Nettmühle** am Ende der Kreisstraße. Die Mühle wird zwar seit 1963 nicht mehr mit Wasserkraft betrieben, aber ist noch immer ihrer alten Funktion treu. Sie fahren nach rechts an der L 39 entlang, um dann nach kurzer Strecke links in

Die Flootsmühle ist die erste der vier ehemaligen Mühlen an der unteren Nette

Das efeubewachsene Torhaus der Neersdommer Mühle

den Wirtschaftsweg ‚An der Paas' zu biegen. An einem Zeltplatz macht der Weg eine leichte Rechtskurve und bringt Sie zur K 12. Hier biegen Sie nach links auf den Radweg. An der nächsten Kreuzung fahren Sie nach rechts Richtung Kempen/Krefeld. Durch die Gemüse- und Getreidefelder führt der Weg Sie über die Niers und einen kleinen Kanal. Hier sehen Sie zur Linken schon die **Abtei Mariendonk**, die 1904 von Benedektinerinnen gegründet wurde. Sie biegen nach links in den Weg zum Kloster ein, radeln daran vorbei und schwenken nach links zur **Neersdommer Mühle**.

Die Neersdommer Mühle sticht auch heute noch als bedeutende Hofanlage zwischen Schleck und Niers an der ehemaligen Grenze zwischen dem Erzbistum Köln und den Herzogtümern Geldern und Jülich ins Auge. Urkundlich wurde die Mühle 1348 zum ersten Mal erwähnt. Die ungewöhnlich große, nahezu geschlossene vierflügelige Hofanlage aus Backstein hat im Kern so schon im 18. Jahrhundert bestanden. Niersseits liegen vor dem Wohnhaus zwei zweigeschossige Bauten, die ehemalige Remise und die ehemalige Mühle, von der noch Mauerreste des Schutzhauses für das Mühlrad zu sehen sind. Zeitgleich mit dem Torbau um 1850 ist das imposante, langgestreckte ehemalige Stallgebäude zur Schleck hin erbaut worden. Der die Hofanlage nach Norden abschließende, giebelständige Scheunenbau mit Walmdach ist älter.

Das alte Waschhaus jenseits der Niers stand früher auf einer von Niers, Mühlengraben und einem weiteren Graben gebildeten Inselchen. Um 1900 stiftete die unverheiratete Johanna Stieger die Mühle den Benediktinern. Die Nonnen errichteten ihre Abtei unverzüglich gegenüber dem alten Mühlenhof. Die Gründung eines Männerklosters scheiterte.

Sich von der Neersdommer Mühle wieder zurückwendend und an der Abtei Mariendonk vorbei, fahren Sie wieder zur K 12 zurück, die Sie nach links Richtung Grefrath-Mülhausen führt. Sie folgen dem die Kreisstraße begleitenden Radweg bis hinter ein kleines Wäldchen. Hier biegen Sie nach rechts, dem Hinweisschild zum Ausflugslokal „Zur Fluchtburg" 🍴 folgend ab. Geradeaus führt der Weg in den Wald zum **Horbes Bergske**, einem kleinen befestigten Erdhügel aus dem Mittelalter, eine so genannte Motte, ein Abstecher lohnt sich. Die Tour geht jedoch links weiter. Die „Fluchtburg" rechts liegen lassend fahren Sie weiter an einigen Höfen vorbei. Hinter dem vierten Hof führt Sie ein Weg rechts in die Felder und Niersauen. Nach einer kurzen Strecke können Sie über eine Holzbrücke über die Niers fahren. Auf der anderen Seite liegt die **Langendonker Mühle**, die schon im frühen 14. Jahrhundert als geldrisches Lehen genannt wird. Seit der Niersregulierung im Jahr 1927 ist sie außer Betrieb. Niersseitig ist die alte Korn- und Ölmühle durch An- und Umbauten sehr verändert, nur der Mühlenhof hat ein wenig des alten Charmes behalten. An der Langendonker Mühle ist eine Anlegestelle für Paddelboote auf der Niers, meist gibt es hier etwas zu sehen.

An der Mühle vorbei führt Sie der Weg in die kleine Siedlung „Kothend", Sie fahren dort links Richtung Grefrath. Am Ende des Feldweges gelangen Sie durch einige Durchlasse auf den Radweg zur K 12, dem Sie nach rechts am „Sporthotel Grefrather Hof" 🍴 vorbei folgen. Am Eissportzentrum überqueren Sie die Straße, folgen dem Hinweisschild „Museum" und „Freilichtmuseum" und gelangen über den Parkplatz und den Weg zum Museumseingang des **Niederrheinischen Freilichtmuseums**. Im Museumsgelände liegt der mittelalterliche Herrensitz **Dorenburg**, aber

Die Dorenburg zeigt als Herz des Niederrheinischen Freilichtmuseums in Grefrath wechselnde Ausstellungen zu Kultur und Geschichte

Themen-Tipp: Mühlen

Dass es Windmühlen und Wassermühlen gibt, ist eine Unterscheidung, die vielen bekannt ist. Die Benennung ist davon abhängig, welche Kraft – Wasser, Wind, später Dampfmaschinen oder Elektromotor – Antrieb für das Mühlrad war. Dazu unterschied man Mühlen nach dem Mahlgut in Korn (Getreide-)-, Öl- und auch Papiermühlen.
In den niederrheinischen Mühlen wurden neben Getreide vor allem die Samenkapseln des Flachses zu Leinöl verarbeitet. Getreidemühlen sind Scheibenmühlen, in denen das Mahlgut zwischen einem fest stehenden und einem angetriebenen Mühlstein zerrieben wird. Ölmühlen sind Schlagmühlen, in denen die Samenkapseln durch Schlagen ausgepresst werden.
Mühlen gehörten früher dem Grund- oder Landesherren. Alle Ansässigen waren verpflichtet, in dieser Mühle mahlen zu lassen (Mahlzwang). Nur in Einzelfällen gab der Landesherr, das Recht eine Mühle zu betreiben (Mühlenregal) an die Stadt ab. Der Müllerberuf galt bis ins 16. Jahrhundert als unehrlicher Beruf, die Abgelegenheit der Mühlen schürte das Misstrauen der Bevölkerung.

auch die zahlreichen hier wieder aufgebauten alten Hofanlagen ziehen die Besucher an. Zum Verweilen bietet sich auf dem Museumsgelände das „Pannekookehuus“ in alten Gemäuern an.
Die Dorenburg ist 1326 zum ersten Mal als Hof nachgewiesen, der sich als geldrisches Lehen im Besitz eines Johannes von Pleis befand. Zu Beginn des 16. Jahrhunderts ist hier die Familie von Spee überliefert. Seit dem 18. Jahrhundert wurde die Wasserburg nur noch als Bauernhof genutzt. Das auf einer Insel gelegene Haupthaus der Dorenburg besteht aus zwei verputzten, langgestreckten und rechtwinklig zueinander stehenden zweigeschossigen Backsteinbauten. Der Nordflügel hatte ursprünglich nur ein Walmdach und stammt laut Mauerankern aus dem Jahr 1630. Nach einer Zerstörung im Jahr 1941 erhielt er nach dem Vorbild des Ostflügels einen geschweiften Giebel.
Zurück am Museumsein- bzw. -ausgang fahren Sie zweimal links und über die Straße ‚An der Dorenburg'/‚Bruckhauser Straße' in Richtung Grefrath, an der ‚Nordstraße' biegen Sie rechts ab und dann wieder links über die ‚Vinkrather Straße' in die Ortsmitte von Grefrath hinein. Hier erhebt sich die katholische Pfarrkirche **St. Laurentius**.
Der heutige Kirchenbau geht auf das 15. Jahrhundert zurück, als sein romanischer Vorgänger zu einer dreischiffigen, gotischen Kirche umgebaut wurde. Die Kirche weist im Langhaus vier Joche und das Chorjoch

auf. Das südliche, niedrigere Seitenschiff wurde zuerst gebaut, dann erst folgten Mittelschiff und das nördliche Seitenschiff. Der alte romanische Turm wurde in das Mittelschiff integriert. Die Sakristei und ein Anbau am südlichen Seitenschiff kamen erst im 20. Jahrhundert dazu.

Am ansprechenden Marktplatz, der zu einer kleinen Rast einlädt, fahren Sie nach rechts auf die ‚Hohe Straße' und an der Hauptstraße, der ‚Lobbericher Straße', wieder nach links. Sie folgen der ‚Lobbericher Straße'. An der nächsten Kreuzung fahren Sie in den ‚Stegweg'. Nach mehreren hundert Metern biegt der Weg nach schräg rechts ab und wird zur ‚Freventstraße'. Sie aber halten sich links (!) und fahren in eine Stichstraße des ‚Stegweges' hinein. Nach wenigen Metern führt Sie der Weg nach rechts durch eine Straßenunterführung in das ‚Hübeck' genannte Gebiet. Zwischen malerischen Bauernhöfen bringt Sie der Weg geradeaus über Wirtschaftswege nach Hinsbeck. Ausnahmsweise gibt es auch einige kleinere Steigungen zu überwinden. Ein kleiner Hohlweg führt hinunter zu einer Wegkreuzung, an der nehmen Sie den rechten Fahrweg hoch zum Mühlenberg mit einem gleichnamigen kleinen Landgasthaus.

Durch die kleine Honschaft Büschen hindurch fahren Sie bis kurz vor die Landstraße. Im Winkel davor nehmen Sie, um die Kurve zu verkürzen, die vordere Wegmöglichkeit – gegenüber von Haus Nr. 7 –, über-

Die Stammenmühle ist das Wahrzeichen Hinsbecks

queren die stark befahrene Kreisstraße (!) und fahren hinter dem in der Kurve liegenden Bauernhof – der täglich frisches Gemüse und Obst anbietet – auf den Rad- und Fußweg hinunter zum Dorf Hinsbeck. Links neben ihnen liegt im Feld die **Stammen-Windmühle**, die zwar mit ihren gut 150 Jahren nicht eine der ältesten Mühlen in der Umgebung ist, aber sicher diejenige, die landschaftlich am reizvollsten gelegen ist. Bis 1928 trieben ihre Flügel das Mahlwerk an. Unterhalb des kleinen Kreuzkapellchens aus dem 18. Jahrhundert (s. S. 62) schlängelt sich der Fuß- und Radweg entlang, bevor er als asphaltierte ‚Bergstraße' ins Dorf führt. Vorsicht, das Gefälle ist erheblicher, als man denkt!! In der Mitte des hübschen Dorfes liegt die Kirche **St. Peter** aus dem 19. Jahrhundert, entworfen vom bekannten Architekten Vinzenz Statz (s. S. 61f.). Sie umrunden den neu gestalteten Dorfplatz und biegen dann links in die ‚Schlossstraße' ein. An der nächsten Einmündung führt Sie die Straße nach rechts weiter aus dem Dorf heraus.

An der Landstraße, der ‚Krickenbecker Allee', fahren Sie nach rechts über den Fahrradweg in Richtung Krickenbecker Seen. In der kleinen Honschaft Hombergen nahe der Seenplatte liegt linker Hand versteckt unter Bäumen die Museumsscheune „Alt Kämpken" mit Textilausstellungen, die nur sonntags oder auf Vorbestellung geöffnet ist (s. S. 50). Ein wenig weiter liegt links der Parkplatz, an dem Ihre Rundtour begann.

Ein ungewöhnlicher Blick aus der Höhe auf die schnurgerade Schlossallee – auch heute noch hält sie Distanz zwischen Besucher und Schloss

Tour
4
40
2
Heidesee
Wolfsee
Heronger
Heide
Alter Nordkanal
B221
K23
Neersdommer Mühle
Abtei
Mariendonk
K12
K12
Niers
Horbes
Bergske
K12
Kovermühle
Nettmühle
K1
Nette
Flootsmühle
Poelvennsee
L39
Vinkrath
Langendonker Mühle
K27
Schloss Krickenbeck
Schroliksee
Glabbacher
Bruch
Start
Dorenburg
K12
Hinsbecker
Bruch
Mülhausen
Grefrath
Leuth
St. Laurentius
B509
B509
Kreuzkapelle
Stammenmühle
Hinsbeck
St. Peter
De Wittsee
0
1 km

Tour 5: Einmal um Hinsbeck

Anfahrt, Start und die erste Wegstrecke dieser Tour sind mit der Tour 4 (s. S. 51) identisch.

Tourenlänge: ca. 15 km

Schwierigkeitsgrad: einfach, leichte Steigungen, hauptsächlich befestigte Wirtschaftswege

Folgen Sie der Wegbeschreibung von Tour 4 bis zur Flootsmühle. Vor der **Flootsmühle** stehend wenden Sie sich nach rechts und radeln durch die Hinsbecker Heide vorbei an einem Gasthof mit gegenüberliegendem Forellenteich. An der Gabelung halten Sie sich rechts auf der Straße ‚Heide' und fahren hoch auf die Hinsbecker Höhen. Oben öffnet sich der Wald, sowohl die nahe liegende Jugendherberge als auch viele Vereine und Gruppierungen nutzen Grillplatz und Spielfläche für zahlreiche Aktivitäten. Von hier aus ist auch der Weg zu einem **mittelalterlichen Gerichtsplatz** ausgeschildert, der mit Euroga-Mitteln wieder rekonstruiert worden ist und durch Informationstafeln erläutert wird. Gerichtsplatz, Schöffenschlucht, in die sich die zu Gericht sitzenden Schöffen zur Beratung zurückzogen und natürlich vor allem der Galgenberg, der an der Geländekante zum Moor hin aufgestellt war, lassen sich hier wieder nachvollziehen. Ein Abstecher zu diesem kulturhistorischen Platz ist lohnenswert. Wieder zurück auf der Straße ‚Heide' fahren Sie vorbei an der Jugendherberge auf der ‚Oberstraße' hinunter ins Dorf Hinsbeck, in dessen Mittelpunkt sich die Kirche **St. Peter** erhebt.

Urkundlich erwähnt wird diese Kirche schon im 13. Jahrhundert, nach der Sage soll der hl. Amandus schon im 7. Jahrhundert einen heidnischen Tempel hier zum Gotteshaus geweiht haben. Der Amandusbrunnen in der Schöffenschlucht erinnert an seine Missionstätigkeit. Der erste Kirchenbau ist wahrscheinlich auf das 12. Jahrhundert zu datieren, ihr romanischer Westturm hat bis 1882 gestanden. Schon 1868 hatte man das Langhaus ab-

Das heutige Gebäude von Haus Bey stammt aus dem 18. Jahrhundert

St. Peter wurde von dem Kölner Architekten Vinzenz Statz entworfen

gerissen, nachdem man von 1863 bis 1867 durch den bekannten Kölner Architekten Vinzenz Statz eine neue Kirche hatte errichten lassen.

Führt der Weg zum Schloss auch über die ‚Schlossstraße' ortsauswärts, sollte man sich den Blick über das Nettetal vom Kreuz- und Mühlenberg nicht entgehen lassen. Wem die kurze, aber steile Fahrt über die ‚Bergstraße' hoch zur **Kreuzkapelle** zu anstrengend ist, kann das Fahrrad auch vor der Kirche stehen lassen und zu Fuß nach links die ‚Bergstraße' hoch gehen. Sie begeben sich damit in eine alte Tradition, denn von alters her führten sieben Fußfallstationen auf den Kreuzberg hinauf, an denen die Gläubigen zu Füßen der Andachtsstationen der sieben Schmerzen Mariens auf die Knie fielen.

Auf dem Hügel wurde schon im ausgehenden Mittelalter in jedem Frühjahr ein Hagelkreuz errichtet, an dem von den Gläubigen um gutes Wetter für das Wachsen und Gedeihen der Ernte gebetet wurde. In dieser Tradition wurde 1724 vom Pfarrer Xylander eine Kapelle zu Ehren des Hl. Kreuzes errichtet, zu der sich in der Fastenzeit regelmäßige Prozessionen etablierten. 1904 wurden die alten Fußfallstationen entfernt und neue im Rund um die Kapelle errichtet, die aber während der NS-Zeit mutwillig zerstört wurden. Erst in den 50er Jahren des 20. Jahrhunderts wurden sie durch neue Fußfallstationen ersetzt. Die Kreuzkapelle dient auch heute noch als Prozessions- und Gebetsstätte.

Die Kreuzkapelle ist ein schlichter, aber hübscher Bau in den typischen Formen des rheinischen Spätbarocks

Wenn Sie am Fuß der Treppe den Fuß- und Radweg nach links gehen, kommen Sie nach einigen Metern auf den Mühlenberg mit der **Stammenmühle**. Von hier haben Sie bei gutem Wetter einen schönen Blick über das Nettetal, sehen links die Doppeltürme von St. Sebastian in Lobberich, und weiter – bei sehr guter Sicht – die beiden Türme von St. Lambertus in Breyell. Zurück im Dorf, das auch zu einer kleinen Rast einlädt, fahren Sie geradeaus auf die ‚Schlossstraße' und überqueren an der nächsten Kreuzung die Straße. Die Straße ‚Am Engel' ist für Autos eine Sackgasse, aber Sie gelangen über einen schmalen Weg auf die ‚Johannesstraße', die Sie nach rechts ortsauswärts – die Umgehung am Kreisverkehr überquerend – zur **Kapelle St. Johannes** führt.

Die Kapelle zum hl. Johannes dem Täufer in Hinsbeck, der im Glauben des einfachen Volkes eine große Verehrung innehatte, ist schon 1617 belegt. Sie wurde 1671 erweitert. Um den Bewohnern der Honschaft „Bruch" einen regelmäßigen Messbesuch zu ermöglichen, wurde bis 1854 hier Gottesdienst gefeiert. 1854 wurden notwendige Reparaturen auf Kosten der Witwe Gräfin von Schaesberg vorgenommen, weitere Instandsetzungsarbeiten im 20. Jahrhundert von der Johannesbruderschaft. Zum Patronatsfest des hl. Johannes am 24. Juni findet der Gottesdienst auch heute noch regen Zustrom.

Die Johannes-Kapelle, im Volksmund „Zint Joan" genannt, ist von alters her ein Ort der Volksfrömmigkeit

Themen-Tipp:
Heiligenverehrung

Am bäuerlich und katholisch geprägten Niederrhein war Heiligenverehrung bis weit in das 20. Jahrhundert hinein eine Form der Volksfrömmigkeit. Den Heiligen zu Ehren wurden von Honschaften, Bruderschaften und Einzelpersonen Wegekapellen, Kreuze und Fußfallstationen gestiftet. Oft geschah die Errichtung aus Dankbarkeit für die Errettung aus großer Not wie in Pest- und Kriegszeiten. Häufig entwickelten sich regelmäßige Prozessionen der Pfarrgemeinden zu diesen Andachtsstätten. So finden heute noch an den Gedenktagen der Heiligen an der Rochuskapelle in Krickenbeck und der Johanneskapelle in Hinsbeck gut besuchte Gottesdienste statt. Viele der Heiligenhäuschen werden liebevoll gepflegt und auch als Kulturdenkmäler geachtet. Heilige wurden und werden als Mittler zwischen den Gläubigen und Gott gesehen und um ihre Fürsprache gebeten. Die bäuerliche Bevölkerung verehrte besonders den hl. Antonius von Padua, den „Ferkestönn", der immer ein Schwein an seiner Seite mitführt. Beliebt war auch der hl. Petrus, der als Schlüsselverwalter für das Wetter zuständig war.

Hinter der Kapelle folgen Sie dem Weg ‚An Haus Bey' durch die Golfanlage hindurch nach rechts. Das **Haus Bey**, ein ehemaliges Rittergut und später Sommerhaus des Grafen von Schaesberg, sehen Sie zu Ihrer Rechten. Heute dient es der Golfanlage als Clubhaus und beherbergt ein Restaurant 🍴. An der nächsten Weggabelung folgen Sie dem Weg nach rechts in die Honschaft Hombergen.

An der nächsten Gabelung wenden Sie sich nach links und folgen dem Weg, bis Sie wieder am „Strandhotel Krickenbeck" 🍴 ankommen.

Wenn Sie sich von hier auf der ‚Krickenbecker Allee' nach rechts wenden, liegt rechts die Museumsscheune „Alt Kämpken" mit Textilausstellungen, die sonntags oder auf Vorbestellung geöffnet ist (s. S. 50, Öffnungszeiten S. 153).

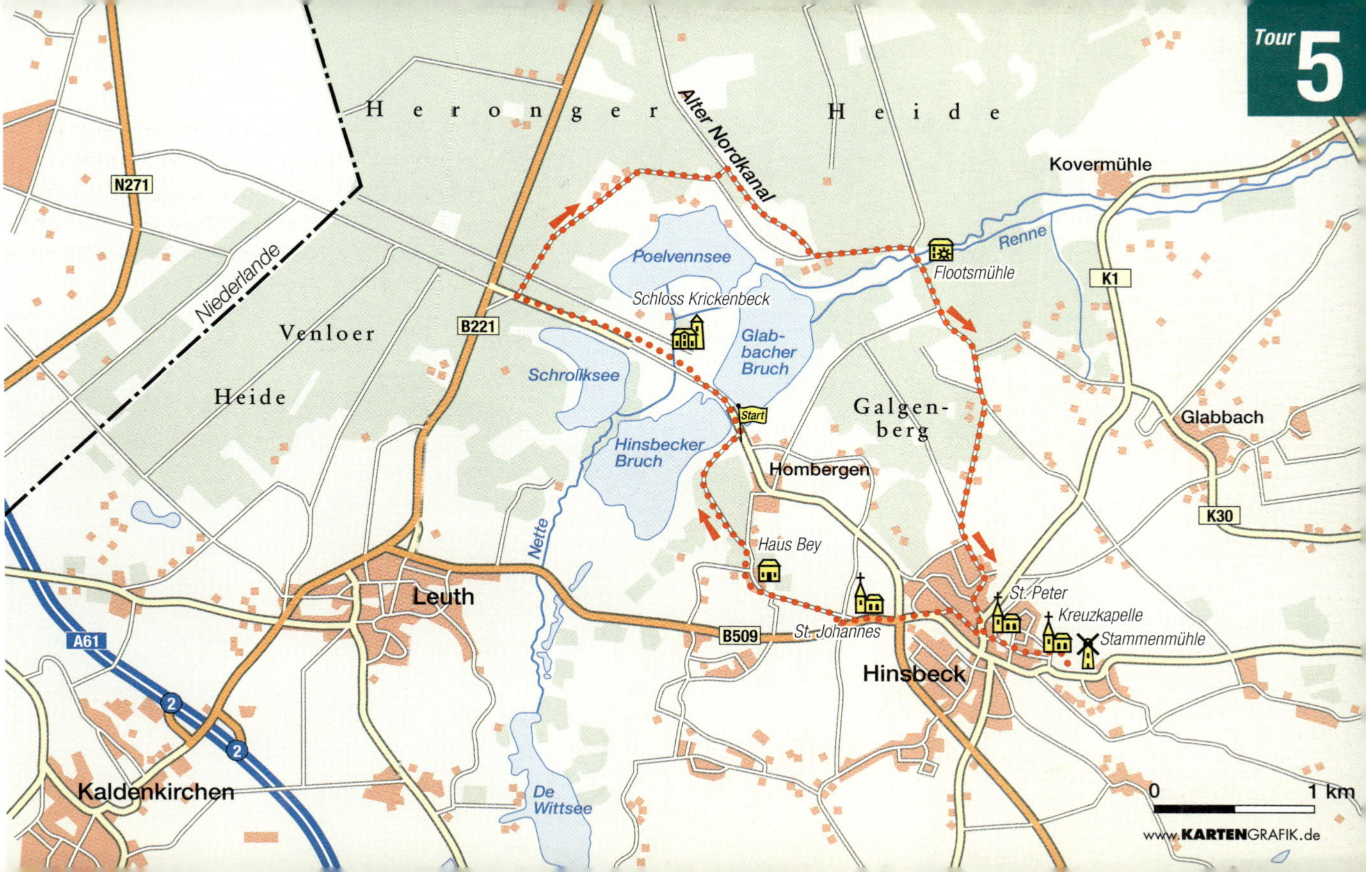

Tour 5
Heronger Heide
Alter Nordkanal
Kovermühle
N271
Renne
Poelvennsee
Flootsmühle
K1
Niederlande
Schloss Krickenbeck
B221
Venloer
Heide
Glab-
bacher
Bruch
Schroliksee
Start
Galgen-
berg
Glabbach
Hinsbecker
Bruch
Hombergen
K30
Nette
Haus Bey
Leuth
St. Peter
Kreuzkapelle
St. Johannes
Stammenmühle
A61
B509
Hinsbeck
2
2
Kaldenkirchen
De
Wittsee
0
1 km
www.KARTENGRAFIK.de

Tour 6: Nettemühlen und Höhenzüge

Die Anfahrt zum Schloss Krickenbeck entnehmen Sie bitte der Anfahrtsskizze zu Tour 4 auf S. 51.
Tourenlänge: ca. 32 km
Schwierigkeitsgrad: mittel, mehrere Steigungen, teilweise unbefestigte Waldwege

Der Parkplatz liegt direkt an den vier Krickenbecker Seen, die inmitten eines Naturschutzgebietes liegen. Vom Parkplatz aus wenden Sie sich zurück zur Straße, auf der Sie gekommen sind, biegen nach links ab und folgen dem Hinweisschild „Akademie Schloss Krickenbeck". Wenn Sie den See zu Ihrer Rechten hinter sich haben, sehen Sie versteckt hinter hohen Bäumen das **Schloss Krickenbeck** (s. S. 51). Sie passieren eine Baumpflanzung zu Ihrer Linken, darauf folgt wieder ein Laubwald, durch dessen Stämme Sie links den Schroliksee schimmern sehen. Vor der Schranke biegen Sie nach links auf einen schmalen Waldweg, der sich nun parallel zur Straße durch den Wald schlängelt. Kurz vor der Bundesstraße biegt dieser Weg nach links. An einer Bank auf der rechten Seite und einem Naturschutzgebiet-Schild auf der linken biegen Sie nach links. Der Weg führt Sie im weiten Bogen um das Gestüt Seehof herum, das Sie immer wieder rechts liegen sehen. Aus dem Wald heraus gelangen Sie zu Pferdekoppeln, hier führt Sie der Wanderweg X nach links immer zwischen Waldrand und Pferdekoppeln bis zur ehemaligen Tüschenmühle. Aus dem Wald herauskommend fahren Sie geradeaus weiter in Richtung B 509. Hier wenden Sie sich nach links, nach einigen Metern liegt zu Ihrer Linken die **Leuther Mühle**. Fahren Sie bis auf die Nettebrücke, von dort haben Sie den schönsten Blick.

Die Leuther Mühle ist noch verhältnismäßig jung, ist sie doch erst um 1650 entstanden. Sie hat wohl die ältere „Fuchs" – oder „Tüschenmühle" ersetzt, an der Sie eben vorbeigekommen sind. Der Damm, auf dem heute die Bundesstraße verläuft, war der frühere Mühlendeich, über den die Hinsbecker zum Mahlen fuhren. Das Mühlenhaus stammt aus dem Jahr 1738 und verfügt als einzige Nettemühle noch über ein intaktes Mühlrad und über die gesamte Mahleinrichtung. Bis Anfang der 1960er Jahre war die Leuther Mühle noch in Betrieb. Heute wird hier ein Hotel und ein Speiserestaurant betrieben. In den vergangenen Jahren haben die modernen Hotelanbauten und der vorgesetzte Wintergarten die historische Gesamtanlage stark beeinträchtigt.

Wenden Sie nun Ihr Fahrrad und fahren auf dem Radweg zurück. Hinter einem großen, zur Wohnanlage umgebauten Bauernhof auf der linken

Der de-Witt-See ist einer der malerischen Nette-Seen

Seite wenden Sie sich die Straße überquerend nach links. Sie fahren an der Wohnanlage vorbei, bis Sie links im Gelände eine Gruppe von sechs Bäumen sehen. Hier bleiben Sie stehen. Auf den ersten Blick sieht man nichts Betrachtenswertes. Aber wenn Sie Ihren Blick auf den schräg links hinter der Gruppe stehenden Baum richten, werden Sie bemerken, dass das Gelände dahinter Richtung Nette leicht ansteigt. Auf dieser von Menschen angeschütteten Erhöhung in der Netteniederung lag vor 900 Jahren **Alt-Krickenbeck.**

Hier in der Netteniederung wurde um 1100 von Menschenhand ein Erdhügel aufgeschüttet und darauf das erste feste Haus der Herren von Krickenbeck, ein Gebäude aus Holz und Fachwerk, erbaut. Wahrscheinlich war es durch Wall und Palisaden geschützt. Einen solchen befestigten Hügel nennt man eine Motte. Dieses Gebäude wurde schon im 12. Jahrhundert zugunsten eines Neubaues aufgegeben, der inmitten der Moorlandschaft errichtet wurde, wo heute das neue Schloss Krickenbeck steht. Die alte Burg Krickenbeck wurde schon im 13. Jahrhundert abgebrochen. Nur die leichte Erhebung im Gelände erinnert an sie.

Sie radeln weiter geradeaus, an der Gabelung fahren Sie nach rechts. An der nächsten Kreuzung halten Sie sich erneut rechts und dann wieder nach links in die Straße ‚May', die Sie auf die ‚Dorfstraße' und damit zur **Kircheninsel** von Leuth bringt.

Die Leuther Mühle besitzt nicht nur ein intaktes Mühlrad, sondern auch ein vollständiges Mahlwerk

Das zu Nettetal gehörende Dorf Leuth hat um die Kirche herum seinen dörflichen Charakter bewahrt. Die Dorfstraße aus dem 17. Jahrhundert, die früher direkt in die Felder führte, ist weitgehend in ihrem ursprünglichen Zustand erhalten. Die erhöht liegende Kirche, der Kirchhof mit alten Grabsteinen aus dem 17. Jahrhundert, die ehemalige Schule und das alte Rathaus von 1671 bilden zusammen die Kircheninsel. Die Pfarrkirche **St. Lambertus** *wurde 1860/61 an Stelle eines Vorgängerbaues im neugotischen Stil nach den Plänen des bekannten Kirchenbaumeisters Vinzenz Statz errichtet. Der architektonisch wie künstlerisch bemerkenswerte Turm mit Portalfenster gehört zur alten Kirche und geht auf die Mitte des 15. Jahrhunderts zurück. Natürlich gibt es auch in Leuth einige Bausünden, doch zahlreiche niederrheinische Bauernhäuser mit tiefgezogenen Krüppelwalmdächern lenken davon ab. Das Pfarrhaus aus dem Jahr 1664, das auf der Chorseite der Kirche steht, und der Neyenhof aus dem 17. Jahrhundert runden die Dorfidylle ab.*

Sie radeln auf der ‚Dorfstraße' zurück und über die Straßen ‚May', ‚Hastert' und ‚Bruchstraße', wobei Sie dem Radweg 9 und den Hinweisschildern „de-Witt-See" folgen. Sie stoßen nach ca. 2 km auf die Straße ‚Am Wittsee', der Sie nach links bis zum See folgen. Ein kleiner Abstecher zu Fuß über einen Fußweg zwischen Zeltplatz und See bis zu einer Liegewiese mit Bademöglichkeit lohnt sich, er beginnt am Parkplatz zu Ihrer Linken.

Die katholische Kirche St. Lambertus bildet die Mitte des hübschen Dorfes Leuth

Der **de-Witt-See** *ist wie die Krickenbecker Seen durch Austorfung entstanden. Als durch fortschreitende Rodung das Holz im ausgehenden Mittelalter rarer wurde, begannen die Bewohner der Gegend den unter den Bruchwiesen liegenden Torf zu stechen, um die getrockneten Torfziegel sowohl als Brennmaterial als auch als Baustoff zu verwenden. Die Torfstiche liefen dann voll Wasser und bildeten die heutigen Seen. Der „de Witt" – wie der Volksmund sagt – hat seinen Namen noch aus der Bruchwiesen-Zeit. Wahrscheinlich gaben die weißen Flöckchen des Wollgrases dem Witt-Bruch, dem „weißen Bruch", seinen Namen.*

Zurück am Strandgasthaus wenden Sie Ihr Rad in die Richtung, aus der Sie gekommen sind. Vor dem Minigolfplatz folgen Sie dem Schild „Naturschutzhof" nach links. Sie folgen dem Weg vorbei an Pferdekoppeln bis in ein Wäldchen. Hier biegen Sie an der ersten Möglichkeit rechts ab. Sie überqueren Bahngleise und fahren weiter geradeaus am Waldrand entlang, dem Schild „Landschaftshof Baerlo" folgend. Nach einiger Zeit sehen Sie in den Wiesen zu Ihrer Rechten das völlig heruntergekommene ehemalige Herrenhaus **Haus Baerlo** liegen.

Haus Baerlo ist ein altes Rittergut, das der gesamten Honschaft den Namen gab. Erste Erwähnung findet das Gut 1326. Das mit Wall und Grabenanlage bewehrte Haus aus dem 17. Jahrhundert lag in unmittelbarer Nähe der Landesgrenze zum Herzogtum Jülich. Nach mehrfachem Besitzerwechsel wird das Herrenhaus heute als Wirtschaftsgebäude eines landwirtschaftlichen Betriebes genutzt und verfällt dabei immer mehr zu einer unkenntlichen Ruine.

Sie bleiben weiter auf dem Weg, hinter einem Sportplatz biegen Sie nach links in einen Fuß-, Reit- und Radweg. Am Klärwerk vorbei fahren Sie bis zu einer ‚Lindenallee', die ihren Namen zu Recht trägt. Hier biegen Sie nach links. Nach Überquerung der Nette liegt vor Ihnen die Gaststätte „**Lüthemühle**" mit angeschlossenem Reitstall.

Die Lüthemühle an der Nette ist schon im frühen 15. Jahrhundert an dieser Stelle nachgewiesen. Im 19. Jahrhundert hatte die Mühle zwei Mühlräder, das erste betrieb die Korn-, das zweite die Ölmühle. Trotz des Staus der Nette, der dem Müller seit 1419 erlaubt war, führte das Flüsschen im Sommer nicht genügend Wasser, um die Mahlgänge länger als fünf Stunden in Betrieb zu halten. Nur im Winter konnte ganztägig gearbeitet werden. Heute ist nur noch das alte Mühlenhaus aus dem 19. Jahrhundert erhalten, in dem eine Gastwirtschaft betrieben wird.

Sie radeln weiter auf der ‚Lindenallee' bis zu „Elbers Strandhotel", hier wenden Sie sich nach rechts, wobei Sie auch die kleine Rochuskapelle aus dem 17. Jahrhundert links liegen lassen. Zu Ihrer Rechten liegt das so genannte „Ferkesbruch", einer der sechs Seen, die die obere Nette bilden.

Von der **Neumühle**, auch Gartzmühle genannt, die noch vor wenigen Jahren als moderner Mühlenbetrieb an der Ecke ‚Sassenfeld'/ ‚Zur Nette' betrieben wurde, ist nicht mehr viel übrig geblieben. Das alte Mühlenhaus ist nur zu erkennen, wenn man von ihm weiß. Allerdings stürzt sich die Nette immer noch hinter dem Haus den Mühlenstau hinunter. Hinter der Neumühle befahren Sie den Radweg, der Sie am „Windmühlenbruch" genannten See entlang führt. Wiesen und Spielplätze laden zum Verweilen oder zu einem Picknick ein. Hinter der Brücke fahren Sie geradeaus weiter und biegen dann nach rechts auf den die Straße begleitenden Radweg, der Sie zu einem Kreisverkehr bringt. Nach rechts führt die Straße Richtung Breyell zwischen den Seen „Windmühlenbruch" und „Nettebruch" hindurch.

Genau in der Mitte zwischen beiden Seen liegt die ehemalige ***Nelsenmühle****, die 1495 erstmals erwähnt wird. Sie gehörte zu einem Gut „Ten Elsen", aus einer Verkürzung wurde der heutige Namen Nelsenmühle. An ihr scheint die Nette wie vom Erdboden verschluckt zu sein, denn sie führt unter der Straße und dem ehemaligen Mühlenhaus hindurch. Die beiden Mühlräder, die im 19. Jahrhundert mit einem Wechselwerk Mehl und Öl mahlten, lagen im Mühlenhaus. Heute sind Mühlenhaus und Mühlenhof aus dem 19. Jahrhundert eine Wohnanlage.*

Wenn Sie keinen Abstecher zur Nelsenmühle machen wollen, wenden Sie sich direkt am Kreisverkehr nach links zur Ortsmitte von Lobberich. Leider ist hier kein Radweg, Sie müssen also ein Stück weit über die Straße fahren. Am Ende der ‚Breyeller Straße' biegen Sie nach links auf die ‚Hochstraße'. Rechts von Ihnen liegt der Ingenhovenpark mit Weiher und die **Burg Ingenhoven** 🍴. Sie verlassen die Straße und fahren durch

Ihren wehrhaften Charakter hat Burg Ingenhoven bis heute bewahrt

Themen-Tipp: Austorfung

Die Nette-Landschaft war bis ins 18. Jahrhundert von Niedermooren geprägt, die aus verlandeten Seen der letzten Eiszeit entstanden waren. Nach Verschwinden der Wasserflächen entstanden Erlenbruchwälder, aus denen Bruchwaldtorfe hervorgingen. Die Begriffe Bruch und Venn, die in vielen geographischen Bezeichnungen vorkommen, bedeuten nichts anderes als Moor- oder Sumpflandschaft. Noch im 16. und beginnenden 17. Jahrhundert sind die heutigen Nette-Seen noch auf keiner Karte verzeichnet. Erst im 17. und 18. Jahrhundert begann eine Austorfung in größerem Ausmaß, zuerst Poelvenn und Schrolik, dann folgten Krickenbecker und Glabbacher Bruch. Mit dem Wegfallen des Torfes konnte das hoch stehende Grundwasser an die Oberfläche dringen und die Stiche füllen. Torf wurde mit dem Spaten abgestochen, dann getrocknet – frisch gewonnener Torf enthält 75 bis 95 Prozent Wasser, luftgetrockneter 25 bis 30 Prozent, zu Torfbriketts gepresster nur zehn Prozent. Verwendung fand der Holzersatz als Brennstoff und als Viehstreu. Ähnlich produzierte man auch so genannte Torfziegel für den Hausbau.

das große schmiedeeiserne Tor in den Park und am Weiher entlang auf die Burg zu.

Die Burg Ingenhoven ist als geldrisches Lehen der Herren von Bocholtz seit dem 14. Jahrhundert bezeugt. Die ehemals wasserumwehrte Backsteinanlage wurde auf einem rechteckigen, sehr kompakten Grundriss erbaut. Der heutige Bau geht in Teilen auf das Jahr 1544 zurück und wurde 1581 nach Kriegsbeschädigung weitgehend erneuert. Aus dem 16. Jahrhundert stammen das fast quadratische, zweigeschossige Herrenhaus mit hohem Walmdach und runden Ecktürmchen sowie die von zwei Rundtürmen flankierte Torvorburg an der Nordseite. 1866 wurden anstelle der Hofmauern auf der Ost- und Südseite zwei Wohnflügel errichtet, gleichzeitig die Kreuzstockfenster des Herrenhauses in rotem Sandstein erneuert. Heute befindet sich ein Speiserestaurant in der Burg.

Auf der nördlichen Seite des Parkes erhebt sich auf einem kleinen Plateau die so genannte **Alte Kirche** von Lobberich in einem ummauerten Kirchhof. Wenn Sie sie näher betrachten wollen, lassen Sie am besten das Fahrrad an der Burg Ingenhoven stehen.

Die ältesten Teile der alten Kirche – Chorraum, ein Kreuzschiff mit niedrigeren Anbauten und Turm – stammen aus der zweiten Hälfte des 15. Jahrhunderts. Der ursprünglich gotische Bau wurde 1710 einer durchgreifenden Barockisierung unterzogen, wobei u. a. die Hauptchorfens-

ter zugemauert wurden. Nach dem Bau einer neuen Kirche, der wegen des Anwachsens der Gemeinde notwendig geworden war, konnte 1893 die alte Kirche nur durch den energischen Einsatz der Anwohner vor dem Abriss gerettet werden. Nach erheblichen Kriegsschäden wurde sie Anfang der 1950er Jahre wiederhergestellt und seit 1962 umfassend instandgesetzt. Auch heute finden hier noch besondere Gottesdienste statt. Die neue Pfarrkirche **St. Sebastian** *im Nordwesten des Ortes ist eine neoromanische Backsteinbasilika mit Zweiturmfassade. Im Nordseitenschiff befindet sich ein bedeutendes Vesperbild (1400/ 1420) aus Kalkstein nach dem Vorbild in St. Columba in Köln.*

Zurück an der Burg fahren Sie die Burg rechts liegen lassend auf die ‚Burgstraße', wenden sich nach links und fahren bis zur ‚Süchtelner Straße'. An der nächsten Kreuzung fahren Sie links in den ‚Bocholter Weg' ortauswärts. Zu Füßen des Wasserturms zu Ihrer Linken befindet sich die über 350-jährige **Hagelkreuzkapelle**, die dort 1640 an Stelle eines alten Hagelkreuzes errichtet wurde. Am Ende des Weges biegen Sie nach rechts. Am Parkplatz/Wendehammer führt Sie ein kleiner Weg nach links auf einen Wirtschaftsweg, dem Sie erneut nach links folgen. Er führt Sie im Bogen fast bis auf einen Bauernhof, den Bengmannshof. Direkt vor dem Hof wenden Sie sich nach rechts und fahren um den Hof herum. Auf der anderen Seite führt Sie ein Weg zur Landstraße 373, der

Von der stattlichen Burg Bocholtz sind nur die Ruine des Kaiserturms und die Vorburg übriggeblieben

Ostumgehung Lobberichs. Sie queren die L 373 (Vorsicht!) und fahren durch die Gemarkung Bocholt auf einem Wirtschaftsweg geradezu auf die ‚Vierhöfe' zu, die seit alters her um eine Kreuzung gelegen sind. Sie biegen an dieser Kreuzung nach links. Rechts von Ihnen liegt in einer Mulde die **Burg Bocholtz** bzw. das, was von ihr übrig geblieben ist, die Vorburg und der so genannte „Kaiserturm".

Die Burg Bocholt(z) wurde erstmals 1096 erwähnt. Sie war ein geldrisches Lehen und Stammsitz der Familie von Bocholtz, bis sie durch Erbschaft 1748 an die Freiherren Mirbach kam. Der Kaiserturm aus dem 14. Jahrhundert ist der Rest der Hauptburg. Das spätgotische Torhaus (1450) überragt den benachbarten Bauernhof, der sich im Gelände der nördlich gelegenen Vorburg eingerichtet hat. Noch 1760 wurde die Burg als festes Haus und Rittergut erwähnt, 1780 war sie dann abgetragen. Wahrscheinlich wurde sie im Siebenjährigen Krieg von der französischen Besatzung am Niederrhein zerstört. Bis zum Ende des 19. Jahrhunderts stand der Kaiserturm, wenn auch die Nordecke zu einem unbekannten Zeitpunkt herausgebrochen war. Er stürzte erst 1905 ein. Nur die noch vorhandene Nordwestecke blieb stehen. Archäologische Untersuchungen haben ergeben, dass die Hauptburg einen viereckigen Grundriss hatte mit dem viereckigen Kaiserturm in der Nordostecke und drei weiteren Rundtürmen an den anderen Ecken. Im Westen stand das zweigeschossige Hauptgebäude, die Nordseite war ein Torbau.

Sie lassen die Burg Bocholtz rechts liegen und wenden sich an der nächsten Kreuzung nach rechts. Auch von hier haben Sie noch einmal einen schönen Blick auf die Burgruine. Sie biegen nach links und befinden sich nun auf der ‚Römerstraße' genannten Trasse. Wenn auch feststeht, dass die Römer ihre Straßen immer auf halber Höhe von Höhenzügen anlegten und nicht in der Niederung, so ist doch an dieser Stelle eine feste Straße der Römer unwahrscheinlich. Belegt ist jedoch eine mittelalterliche Heerstraße, die von Nymwegen nach Aachen führte. An der nächsten Kreuzung wenden Sie sich nach rechts und strampeln auf der Kreisstraße 10, der ‚Ritterstraße', durch Oberbocholt. Hier haben Sie an den Ausläufern der Süchtelner Höhen auch eine nette Steigung zu überwinden. An dieser Stelle queren Sie auch die Wasserscheide zwischen Niers und Nette. Oben vor einem Waldstück wendet sich die Straße in einer 90-Grad-Kurve nach rechts, Sie aber fahren geradeaus in den Wald hinein. In diesem Waldstück lag eine Landwehr, die hier das frühere geldrische Territorium (Lobberich, Hinsbeck) zum Herzogtum Jülich (Süchteln) hin abgrenzte (s. S. 49, 79). Kenner wollen sie auch noch im Gelände erkennen. Wenn Sie sich daran nicht versuchen wollen, fahren Sie einfach durch den Wald und die dahinter liegenden Felder geradeaus weiter bis zum nächsten Hof, Dahlhöfe genannt, biegen hier links und dann wieder links auf einen Wirtschaftsweg. Noch einmal gibt es eine Steigung, dann können Sie hinunter bis zur B 509 rollen lassen, die Sie queren und nach links auf dem Radweg weiterfahren. In der „Schlibeck" genannten Honschaft folgen Sie dem Hinweisschild „Haus Milbeck" nach rechts. Nach einer kurzen Steigung sehen Sie schräg rechts über den Baumwipfeln den außergewöhnlich hohen Fachwerkgiebel mit Backsteinausfachung von **Haus Milbeck** herauslugen. Wenn Sie die Gleise der früheren Eisenbahnverbindung von Kaldenkirchen nach Kempen überquert haben, liegt das Haus zu Ihrer Rechten. Das im Hof liegende Haupthaus aus Backsteinen geht auf das 16. Jahrhundert zurück. Das Gut war ein von allen Abgaben freies Eigengut, kein Lehen, wie es sonst so häufig zu finden war.

Sie fahren auf dem Weg weiter, queren eine Kreuzung im Feld, an der nächsten Gabelung wenden Sie sich nach links und dann wieder nach rechts. Auch hier bemerken Sie wieder, dass die Anwohner nicht umsonst von den Süchtelner und Hinsbecker Höhen sprechen. Der Weg führt Sie durch einen Hohlweg zu einer etwas tiefer gelegenen Kreuzung. Hier wenden Sie sich nach links, dann wieder nach rechts. Der Weg führt Sie unmittelbar am so genannten **Königshof** vorbei.

Der Hof ist vermutlich mit der für 1294/95 bezeugten „curtis Urlake" identisch und gehörte zu den großen Höfen des Landesherren, auf denen die Naturalabgaben für den Grafen bzw. Herzog von Geldern ge-

Das Haupthaus von Haus Milbeck ist nahezu 500 Jahre alt

sammelt wurden. Um 1400 war der Hof der bedeutendste im Amt Krickenbeck. Der Verwalter war zugleich Rentmeister. Im 18. Jahrhundert wurde der zum Gebiet des Herzogs von Geldern gehörende Herzogshof „Königshof“ genannt, weil der König von Preußen nach 1713 Rechtsnachfolger des Herzogs von Geldern wurde. Unter diesem Namen ist der Hof heute noch bekannt, auch wenn das Haupthaus aus dem 19. Jahrhundert und die nach einem Brand um 1970 neu errichteten Bauten eher unscheinbar sind und die jahrhundertealte Geschichte des Hofes nicht vermuten lassen.

Sie fahren geradeaus auf der ‚Königshof-Allee' weiter und wenden sich am Ende des Weges nach rechts. Auf der ‚Oirlicher Straße' fahren Sie bis zum Altenheim „Marienheim“. Oberhalb des Heimes fahren Sie über einen gepflasterten Weg, queren links einen Parkplatz und biegen nach rechts in die kleine ‚Obere Landstraße'. Diese stößt auf die stark befahrene ‚Grefrather Straße', auf der Sie nach links und an der Ampel direkt wieder nach rechts biegen. Vor Ihnen liegt die Kirche **St. Peter**. (s. S. 61) Vor der Kirche biegen Sie nach links in die ‚Schlossstraße'. An der nächsten Einmündung führt Sie die Straße nach rechts. An der Landstraße, der ‚Krickenbecker Allee', fahren Sie nach rechts auf den Fahrradweg Richtung Krickenbecker Seen. In der Honschaft Hombergen können Sie Ihre Tour in der Museumsscheune „Alt Kämpken“ (s. S. 50), im „Forsthaus“ oder „Strandhotel“ beenden.

Die Krickenbecker Seenplatte schmiegt sich wie ein vierblättriges Kleeblatt um eine Mitte, auf der sich Schloss Krickenbeck erhebt

Tour 6
Poelvennsee
Renne
Venloer
Heide
Schloß Krickenbeck
Glab-
bacher
Bruch
Schroliksee
Start
Hins-
becker
Bruch
Hombergen
Leuther Mühle
Leuth
St. Lambertus
Hinsbeck
St. Peter
Grefrath
Büschen
Königshof
Haus Milbeck
Schlibeck
Busch
De
Wittsee
Kaldenkirchen
Nettetal
Haus Baerlo
Sassen-
feld
Lüthe-
mühle
Neumühle
Wind-
mühlen-
bruch
Alte Kirche
Nelsenmühle
Burg Ingenhoven
Burg Bocholtz
Lobberich
Nette-
bruch
Breyell
B221
B509
K1
L39
K3
A61
B7
L387
L388
0
1 km

Das frühere Amt Brüggen im Herzogtum Jülich

Das Gebiet um Brüggen gehörte im Mittelalter dem Kölner Kloster St. Pantaleon, das es der Vogtei der Grafen von Kessel unterstellte. Die Grafen versahen laut Urkunde aus dem Jahr 1289 den Ort mit einer Burganlage mit Mühle. Der Ort Brüggen verdankt sein Entstehen dabei der Kreuzung von zwei Handelswegen zwischen Rhein und Maas und der einzigen passierbaren Furt durch die Schwalm. Mit dem Tod des letzten Grafen von Kessel im Jahr 1305 ging Brüggen in den Besitz der Grafen von Jülich über, die 1356 in den Herzogsstand erhoben wurden. Jülich, das mit anderen niederrheinischen Fürsten und der Stadt Köln 1288 in der Schlacht bei Worringen die Vorherrschaft der Kölner Erzbischöfe abgeschüttelt hatte, gewann im 14. Jahrhundert weitere Herrschaftsgebiete am Niederrhein und in der Eifel hinzu. Zwischen 1393 und 1423 waren die Herzogtümer Jülich und Geldern vereint, ohne dabei ihren eigenständigen Charakter zu verlieren, danach kam es im geldrischen Erbfolgestreit wieder zur Trennung. Geldern wurde wieder eigenständig, Jülich hingegen ging an Adolf von Berg. Schon 1421 musste Rainald von Jülich aus finanziellen Gründen Stadt, Burg und Amt Brüggen an den Grafen von Moers verpfänden, erst 1494 ging das Amt zurück an das Herzogtum Jülich. Im 16. Jahrhundert wurden Jülich und Berg in Personalunion mit Kleve vereinigt. 1614 fiel das Herzogtum Jülich mit Berg an Pfalz-Neuburg. Nach der Besetzung durch die Franzosen 1794-1814 kam es wie auch die übrigen rheinischen Territorien an Preußen.
Die Grafen bzw. Herzöge von Jülich richteten im 14. Jahrhundert die Amtsverwaltung im Herzogtum Jülich ein. Ein Amtmann oder Drost – meistens aus dem Kreis einheimischer Adliger – vertrat als höchster Beamter den Landesherrn. Das Gerichtswesen regelte ein Vogt oder Schultheiß. Die Beitreibung der Abgaben besorgte ein Rentmeister.
Zum Amt Brüggen gehörten neben Brüggen selbst die Orte Born, Amern, Waldniel, Lüttelforst, Dülken, Süchteln, Boisheim, Dilkrath, Breyell, Bracht, Kaldenkirchen und das heute niederländische Tegelen.
Im Herzogtum Jülich war das Amt Brüggen das nördlichste Amt, in das wie ein Pfeil von Norden her das Geldrische Amt Krickenbeck hereinragte. Die dauernden Fehden und Erbfolgestreitigkeiten waren gerade in den Grenzgebieten zwischen den Territorien stark spürbar, sie kosteten die Herzoghäuser immense Summen Geld und laugten die Bevölkerung stark aus.
Sitz der Amtsverwaltung bzw. des Amtmannes war die Brüggener Burg, das Dienstgebäude des Rentmeisters lag vor dem Burgtor in der so genannten Rentei. Gemeinsam mit der Burgmühle geben diese Gebäude auch heute noch ein eindrucksvolles Bild des ehemaligen Amtssitzes Brüggen.

Das östliche Hauptgebäude und ein Turm sind die imposanten Überreste einer gewaltigen Anlage

Tour 7: Zu den Mühlen an den Schwalm

Anfahrt: Sie erreichen Brüggen mit dem PKW aus nördlicher Richtung über die A 57 und ab AK Kaarst über die A 52 Richtung Mönchengladbach, von Süden fahren Sie über die A 61 und am AK Mönchengladbach auf die A 52 Richtung Schwalmtal/Roermond. Auf der A 52 nehmen Sie die Abfahrt Niederkrüchten und fahren dann über die B 221 Richtung Brüggen. Folgen Sie dem ersten Hinweisschild auf den Ortskern. Über die ‚Klosterstraße' und den ‚Burgwall' kommen Sie zur Brüggener Burg, gegenüber liegt ein Parkplatz, weitere sind ausgeschildert. Falls Sie über die Umgehung (B 221) aus nordwestlicher Richtung kommen, fahren Sie Richtung Niederkrüchten und fahren dann die letzte Möglichkeit Richtung Brüggen über die ‚Klosterstraße' wie oben beschrieben.

Tourenlänge: 25 km

Schwierigkeitsgrad: leicht, häufig unbefestigte Wanderwege entlang der Schwalm, einige leichtere Steigungen

Ihre Radtour beginnt am Torhaus der **Burg Brüggen** (s. S. 103). Vor Ihnen liegt auf der anderen Straßenseite die **Brüggener Mühle**. Wenn Sie über den Parkplatz zu Ihrer Linken fahren, können Sie über eine Brücke auf die andere Seite der Schwalm gelangen, von hier aus lassen sich Mühle und ehemalige Rentei besser betrachten.

Haus Clee hat nicht nur die Besitzer, sondern auch das Aussehen oft gewechselt

Eine zur Burg gehörige Mühle wurde bereits 1289 zum ersten Mal erwähnt. Die Umfassungsmauern des jetzigen Gebäudes an der Schwalm stammen aus dem 17. Jahrhundert, sie wurden in den 1960er Jahren restauriert. Der zweigeschossige Backsteinbau hat an der flusswärts gelegenen Schmalseite ein eisernes Mühlrad, das nach einem Vorbild aus dem 19. Jahrhundert erneuert wurde. Innen ist das Mahlwerk erhalten. Die ursprüngliche bauliche Verbindung zur Rentei, dem Sitz des herzoglichen Finanzbeamten, ist noch teilweise erhalten.

Sie wenden das Rad und fahren über Brücke und Parkplatz zurück zum ‚Burgwall', dem Sie nach rechts folgen. An der nächsten Einmündung ‚In der Haag' geht es nach rechts, am Ende der Straße führt der Weg als Radweg unter der Bundesstraße hindurch Richtung Borner Mühle. Sie radeln diesen Weg entlang, bis Sie rechts das langgestreckte Gebäude der **Borner Mühle** sehen, in der heute ein Restaurant betrieben wird.

Urkundlich taucht die Borner Mühle erstmals 1412 als Lehnsbesitz der Herren von Wevelinghoven auf, von 1450 bis zur Säkularisation unter Napoleon ist sie dann ein Lehen der Kölner Benediktinerabtei St. Pantaleon. Deshalb hieß sie auch die Pantaleonsmühle. Sie war durch einen Damm mit dem ehemaligen Haus Born (s. u.) verbunden, Kranenbach und Schwalm konnten dort zur Verteidigung des Hauses aufge-

Die Brüggener Mühle zeigt auch durch örtliche Nähe ihre Zugehörigkeit zur Burg

staut werden. Sie war eine Korn-, Öl-, Walk- und Lohmühle. Für regelmäßige Einnahmen sorgte die Anordnung, dass alle von Haus Born abhängigen Bauern auf der abteilichen Mühle zu mahlen hatten. Nach der Säkularisation kaufte die Müllerfamilie Holtz aus Viersen, die noch mehrere Mühlen besaß, die Mühle. Holtz baute 1830/40 das noch heute bestehende Mühlengebäude, an dem sich einst drei Wasserräder drehten. Der langgestreckte, zweigeschossige Backsteinbau besteht aus 19 Achsen (!), an der sechsten Achse befand sich früher eine Toreinfahrt. 1880 gab man die Ölproduktion, 1960 den Mahlbetrieb auf, der seit der Schwalmregulierung nur noch mit Motorbetrieb gelaufen war.

Sie fahren links an der Mühle vorbei und radeln an der Schwalm entlang flussaufwärts. Auf Höhe der Brücke liegt links – ca. 300 m entfernt – ein kreisförmiges Pappelwäldchen in den Wiesen, hier lag das schon vor dem 15. Jahrhundert untergegangene **Haus Born**, zu dem die Mühle wohl ursprünglich gehörte. Sie fahren weiter an der Schwalm entlang, mal führt der Wanderweg X4 Sie rechts, mal links am Fluss entlang bis zur L 372, an der Sie sich nach rechts wenden. Bald sehen Sie auf der linken Straßenseite die „**Mühlrather Mühle**" liegen, gegenüber liegt der ehemalige Mühlenhof. In beiden Gebäuden wird heute Gastronomie betrieben 🍴.

Am Ostufer der Schwalm – das früher zum Herzogtum Jülich gehörte – steht die 1447 erstmals erwähnte Mühlrather Mühle. Sie gehörte zum Haus Clee in Waldniel. Der Mühlenhof auf dem Westufer gehörte im Mittelalter ursprünglich zu Geldern, später allerdings waren die durch die Schwalm getrennten Anwesen in einer Hand. Die Mühle war dadurch begünstigt, dass sie am Ausgang des Hariksees lag, der ihr ein großes Wasserreservoir bot. Wegen seiner Lage in einer Bodenwanne war der See schon vorhanden, bevor man im 17. Jahrhundert systematisch mit dem Austorfen des Bruches begann (s. S. 72) Ein Vorteil war auch, dass die Bewohner von Dilkrath und einem Teil von Amern St. Georg ihr Korn hier mahlen lassen mussten (Mahlzwang). Auch wenn sie im 19. Jahrhundert wohl nicht über zwei Mühlräder verfügte, so ist sie heute jedenfalls die einzige unter den Schwalmmühlen, die noch zwei Wasserräder besitzt. Der Mahlbetrieb wurde 1937 eingestellt. Als Sägemühle lief sie noch bis um 1960 weiter, bis sie 1964 Ausflugslokal wurde.

Wenn Sie vor der Mühlrather Mühle stehen, führt Sie der Weg zwischen der Mühle und einem Bootshaus Richtung Hariksee. Sie folgen dem Radweg R 9 und dem Weg „Rund um Niederkrüchten" mit dem N als Zeichen, der Sie in weiten Bogen um den See herumführt. An der Ferienhaussiedlung stoßen Sie wieder auf den Hariksee 🍴. Sie folgen

Eines der drei Räder der Borner Mühle dreht sich noch heute

dem Weg Richtung Inselschlösschen, das zu Beginn des 20. Jahrhunderts erbaut wurde und nun nach einem Brand frisch restauriert ist. Nach einer kleinen Rast radeln Sie am Schlösschen vorbei, passieren die Schrankenanlage und folgen dem Weg bis zur Gabelung. Hier fahren Sie, der Radwegausschilderung nach links folgend, bis zur ‚Kahrstraße'. Ihr Weg geht nach links. Auf der rechten Seite sehen Sie die Brempter Kapelle **St. Georg** (s. S. 113), geradeaus geht es weiter zur **Brempter Mühle**. Fahren Sie über die Schwalmbrücke und nach rechts über den Parkplatz auf die dahinter liegende Wiese, die nicht nur zum Picknick einlädt, sondern auch einen schönen Blick auf die Mühle gewährt.

Die Brempter Mühle (s. nächste Seite)– auf der westlichen Seite der Schwalm gelegen – gehörte den Herren von Brempt, die seit dem 12. Jahrhundert den wichtigen Schwalmübergang an dieser Stelle kontrollierten. Brempt gehörte wie Elmpt und Niederkrüchten zum Gelderner Oberquartier, das hier in die Jülichschen Lande wie eine Halbinsel hineinragte, und war deshalb auch seit Mitte des 16. Jahrhunderts Teil der spanischen Niederlanden. Auf die Herren von Brempt folgten im 16. Jahrhundert die von Nideggen und die von Byland-Rheydt, schließlich die Grafen Hoensbroich. Mühle und Burgkapelle St. Georg, an der Sie gerade vorbeigekommen sind, sind erhalten, die Burg Brempt, die dazwischen lag, ist bis auf wenige Mauerreste untergegangen. Die Mühle wurde zwar erst 1537 erwähnt, dürfte aber wahrscheinlich schon eher existiert haben. Nach einem Brand durch Kriegseinfluss wurde sie Ende des 16. Jahrhunderts an der heutigen Stelle wieder aufgebaut. Im 19. Jahrhundert besaß sie zwei unterschlächtige Wasserräder, drei Mahlgänge und zwei Ölpressen. Schon 1895 wurde sie stillgelegt, um dann fast 80 Jahre lang als Gasthaus genutzt zu werden. Bei der gelungenen Restaurierung 1989 wurde das Wasserrad erneuert.

Nach seiner Austorfung diente der Hariksee der Mühlrather Mühle als Mühlenstau

Zurück an der K 21 wenden Sie sich nach rechts Richtung Schwalmtal, wenige Meter weiter biegt der unbefestigte Wanderweg X 4 schräg rechts von der Straße ab. Hier erwartet Sie eine stärkere Steigung, oben angekommen macht der Weg bald eine starke Linkskurve. An der nächsten Einmündung biegen Sie nach rechts und stoßen dann auf die K 9, der Sie nach rechts unter die Autobahn hindurch folgen. Am Fuß des Raderberges liegt rechter Hand die **Radermühle**.

Die Radermühle gehörte zur Grafschaft bzw. dem Herzogtum Jülich, denn sie lag wie die Mühlrather Mühle auf der Ostseite der Schwalm. Die Grafen gaben die Mühle in Erbpacht ab, seine Einkünfte sicherte der Müller durch den gräflichen Mahlzwang für Lüttelforst und Teile Burgwaldniels. Der heutige stattliche Backsteinbau stammt aus der zweiten Hälfte des 18. Jahrhunderts. Die mittlere der fünf Achsen wird von einem Giebel betont, der dem hohen, an den Schmalseiten abgewalmten Mansarddach vorsteht. Die Tür mit Oberlicht steht nicht zentral, sondern in der zweiten Achse von links. Alle Fenster sind mit zugehauenen Natursteinen (Werkstein) gerahmt. 1804 wurde die von den Franzosen beschlagnahmte Mühle an den Kaufmann Johann Heinrich Printzen aus Amern St. Georg verkauft. Die Korn- und Ölmühle besaß früher zwei Wasserräder. Sie lief bis um 1950. Heute dient das spätbarocke Gebäude als Wohnhaus. Die Technik im Inneren ist zum größten Teil erhalten. Die Mühlräder sind allerdings leider verfallen. Westlich der Mühle befindet sich auch heute noch der Mühlenteich, der Mühlenstau ist aber verbaut.

Direkt vor der Radermühle überqueren Sie die K 9 und biegen vor einem offenen Schuppen in den Wanderweg X 4 / A 2 ein, dem Sie ca. 1 km durch den Wald hindurch folgen. An der nächsten Straße, der K 29, biegen Sie nach rechts (hier ist kein Fahrradweg!) und schon wenige hundert Meter weiter sehen Sie die **Pannenmühle** .

Auch die Pannenmühle war gleichzeitig Grenzstation zwischen Jülich und Geldern. Der Name „Pannenmühle“ lässt sich vom mundartlichen „Pannen“ für „Dachziegel“ ableiten, wahrscheinlich gab es hier schon im frühen Mittelalter Ziegelherstellung. Der östliche Flügelbau mit Fachwerk-

Ein gemauertes Wasserbecken, die so genannte Arche, reguliert wie hier bei der Brempter Mühle den Wasserzulauf für das unterschlächtige Mühlrad

giebel ist aus dem 16. und 17. Jahrhundert, er wurde früher auch das Zollhaus, im Volksmund „et Spanisch Hüske" genannt. Dieser Teil des geldrischen Oberquartiers (s. S. 49) gehörte nämlich seit 1543 zu den spanischen Niederlanden. Der Mittelbau wurde um 1800 errichtet, 1872 erhielt die Mühle mit ihren zwei unterschlächtigen Wasserrädern zusätzlich zwei Mahlwerke. Die Ölschlägerei wurde 1870, die Kornmühle um 1960 stillgelegt. Nach der Schwalmverlegung von 1926 übernahm ein Verbrennungsmotor den Antrieb. Im 19. Jahrhundert waren bis 1882 noch eine Gerberei und im „Spanisch Hüske" ein Ausschank angeschlossen. Schon ab 1900 hatte sich hier der Wandel zur lukrativen Ausflugsgaststätte vollzogen.

Sie wenden Ihr Rad und fahren dem Hinweisschild Richtung Lüttelforst folgend über die K 29 zur nächsten Schwalmmühle, der Lüttelforster Mühle. Kurz vor der Landstraße, nach fast 2 km, radeln Sie an einer alten Fachwerkscheune aus dem 18. Jahrhundert vorbei, sie ist ein schönes Beispiel für die bis zum 19. Jahrhundert typischen, niederrheinischen Bauernhöfe, die häufig aus Wohnhaus und zusätzlichem Scheunengebäude bestanden. An der Landstraße, der L 371, wenden Sie sich nach rechts, nach einigen hundert Metern liegt rechts die **Lüttelforster Mühle**, die seit kurzem wieder samstags und sonntags für Gäste geöffnet ist 🍴.

Der Weg entlang der Schwalm sorgt immer wieder für stimmungsvolle Eindrücke

Die Lüttelforster Mühle, eine ehemalige Ölmühle wird urkundlich schon um 1300 erwähnt, sie war im Besitz derer von Bocholtz in Waldniel. Der heutige Backsteinbau stammt aus der Mitte des 19. Jahrhunderts, Türrahmen und Fensterbänke sind aus Werkstein, die hölzerne Haustür und die Fensterflügel sind noch ursprünglich. An der Giebelseite, die bis zum ersten Stock in Hausteinquadern errichtet ist, befindet sich ein eisernes Mühlrad, das noch gangbar ist.

Sie überqueren die Schwalm und fahren nach links in den das Flüsschen erneut begleitenden Wanderweg X 4 /A 5. An dieser Stelle bildet die Schwalm übrigens auch heute noch eine Grenze, nicht mehr zwischen den Herzogtümern Jülich und Geldern, aber zwischen den Kreisen Viersen und Heinsberg. An der Straße, auf die Sie nach etwas mehr als 2 km stoßen, biegen Sie nach links ab. Wer den X 4 weiterverfolgt, kommt nach 2,5 km nach **Schwaam**, das für seine Rietdachhäuser bekannt ist. Über die L 3 Richtung Waldniel und die K 29 kommt man dann wieder auf die Route zurück nach Lüttelforst. Wer diesen Abstecher nicht macht, fährt nach der Überquerung der Schwalm nach links auf die durch das **Waldhufendorf Lüttelforst** führende K 29.

Die Bebauung erstreckt sich entlang einer Straßenzeile, die zwischen den höher gelegenen Äckern und dem niedrigen, im sumpfigem Gebiet verlaufenden Tal der Schwalm das Rückgrat des Dorfes bildete. Der Kern lag etwa zwischen den heutigen Hausnummern 83 und 139. Der Charakter dieses Dorfes, das häufig Preisträger bei Landes- und Bundeswettbewerben war, wird leider durch Modernisierungen alter Bausubstanz und unpassende Neubauten beeinträchtigt, ebenso durch die Erhöhung der Straße. .

An dem Kirchlein St. Jakob (um 1800) zu Ihrer Rechten vorbei fahren Sie nach rechts in den ‚Kammerweg' ein und folgen der NRR durch die Felder, vor dem Waldrand fahren Sie nach links Richtung Schwalmtal-Waldniel. Bald führt der Weg Sie in den Wald hinein. Wenn Sie die Autobahn auf der Brücke überquert haben, sehen Sie halb rechts die Kirche St. Michael liegen und ihr Anblick ist Beweis

In der Lüttelforster Mühle wurde Leinöl aus Flachssamen gewonnen

Themen-Tipp: Flachsanbau

Bis fast zum Ende des 19. Jahrhunderts wurde überall am Niederrhein Flachs (Lein) angebaut. Flachs ist eine ca. 1 m hohe Nutzpflanze, die von Juni bis August himmelblaue Blüten trägt. Da die Städte und Dörfer im Sommer in einem Meer von Flachsblumen lagen, wurde die Gegend auch „Vlaasland", Flachsland, genannt. Flachs wird sowohl zur Herstellung von Leinöl verwendet als auch zu Leinen verarbeitet. Zur Ölherstellung wurden die Samenkapseln in den vielen Ölmühlen an Schwalm, Nette oder Niers gepresst. Die Flachsverarbeitung für die Leinenweberei war eine aufwändige, langwierige Arbeit. Nach der Ernte, bei der der Flachs ausgerupft wurde, musste er trocknen, dann konnte man die Samenkapseln abreißen. Danach wurden die Stängel in Flachskuhlen gewässert, bis die verfaulten, äußeren Teile abzulösen waren. Dann wurde der Flachs so lange mit Schwengeln bearbeitet, bis nur die inneren Fasern übrig blieben. Diese wurde durch Nagelbretter gezogen (gehechelt), die langen Fasern wurden im Winter zum Spinnen verwendet, kürzere zu groben Garnen oder zu Werg verarbeitet.

genug dafür, dass sie zu Recht den Namen „Schwalmtaldom" trägt. Am Ortsrand von Waldniel angekommen, überqueren Sie die L 371 und fahren geradeaus auf dem schmalen Radweg weiter. Er stößt auf die ‚Ungerather Straße', die Sie nach links – vorbei an den Gebäuden der ehemaligen Schlossbrauerei – bis zum **Haus Clee**, das von einer Mauer umgeben ist, befahren.

Haus Clee (s. S. 80) war ein zu Brüggen gehörender größerer Bauernhof, dessen Besitzer – zahlreiche niederrheinische Adelsfamilien – besondere Freiheiten und Rechte hatten. 1854 wurde Haus Clee Eigentum von Eduard Rosbach, der 1870 einen Neubau im historistischen Stil errichtete. Als das Haus erneut den Besitzer wechselte und Eigentum von Kommerzienrat Josef Kaiser wurde (Begründer des „Kaiser's Kaffee Geschäft"), entstand 1936/37 der heutige Bau. Die beiden seitlichen Achsen des Neubaus waren ursprünglich nur eingeschossig und bildeten zum ersten Geschoss Terrassen. Sie wurden erst nach 1951 aufgestockt zum heutigen Zustand. Die Marmorlöwen wurden vom Stadthaus des Kommerzienrates in Viersen 1937 hierher gebracht, die Mauer stammt aus der Zeit von 1870. Heute befindet sich in dem Anwesen ein Kinderheim.

Haus Clee rechts liegen lassend fahren Sie weiter und biegen hinter der Mauer in die ‚Lange Straße', an der auf der linken Seite die **evangeli-**

sche Hofkirche aus dem 17. Jahrhundert liegt. Auf der ‚Niederstraße', die mit einer leichten Steigung zum ‚Markt' hoch führt, fahren Sie nach rechts vorbei am **Pfarrhaus** von 1852 mit einem auffälligen neugotischen Giebel. Gegenüber dem Pfarrhaus, dort, wo sich heute eine Grünanlage mit Kriegerehrenmal befindet, war der Standort der alten Pfarrkirche aus dem 15. Jahrhundert, die nach dem Bau des Schwalmtaldomes 1896 abgerissen wurde. Ecke ‚Markt'/‚Niederstraße', am Durchgang vom ‚Markt' zur alten Pfarrkirche, steht **Haus Bach**, das älteste Haus Waldniels von 1627. Der zweigeschossige Backstein-Fachwerkbau ist zur Marktseite hin verputzt. Schönes Detail ist die zweigeteilte, so genannte „Klön-Tür" aus Eiche. Eine ähnliche Tür weist ein weiteres Haus auf dieser Seite des Marktplatzes auf, das an Hand der Inschriftenplatte über der Tür auf 1726 zu datieren ist. Das repräsentative, fünfachsige Gebäude wurde vom ehemaligen Bürgermeister Peilers erbaut, der auch das Marktkreuz stiftete. Der hübsche Marktplatz von Waldniel, der zu einer Rast geradezu einlädt, war und ist Zentrum des Ortes, der auf nahezu quadratischem Grundriss von einer Wallanlage umgeben war, die den heutigen inneren Ortskern umschloss. Beherrscht wird der Markt von der neugotischen Kirche **St. Michael.**

Nach den Plänen von Heinrich Wiethase wurde St. Michael 1878 bis 1883 an der Ostseite des Marktplatzes errichtet. Auffällig an der dreischiffigen Basilika ist die architektonische Gliederung in hellem Tuff- und weißem und rotem Sandstein. Der beherrschende viergeschossige Westturm ist dem Mittelschiff vorgebaut. Der Kircheninnenraum besticht durch Pfeiler aus rotem Sandstein und Kreuz- und Netzgewölben aus Tuff. 1985 stellte man die Ausmalung von 1916 und damit den malerischen Gesamteindruck wieder her.

Vom Marktplatz aus fahren Sie auf die ‚Marktstraße' und biegen nach links in die ‚Lange Straße', die Sie hinunter radeln. Sie folgen dem Radweg S Richtung Amern nach rechts, der Sie durch Weiden und Wiesen und am Kranenbach entlang führt, der früher die Gemeinden Amern St. Anton und Amern St. Georg wie eine Trennlinie durchschnitt.

St. Michael heißt nicht zu Unrecht „Schwalmtaldom"

Hier laden viele Plätze zu einer kleinen Rast ein. In Amern an der ‚Hauptstraße' wenden Sie sich nach links und fahren auf der ‚Polmansstraße' 🍴 rechts zur Kirche **St. Anton**.

Die erste bekannte Kirche wurde 1491 fertiggestellt. 1897 wurde die Kirche erweitert, indem man im Westen zwei Joche vorbaute. Zudem erhielt die Westfassade zwei schlanke, viergeschossige Türme, die einen über den Dachfirst des Mittelschiffs erhöhten Giebel flankieren. An der Nordseite des Chores baute man eine Sakristei. 1981/83 wurden die Wände zwischen Chorjoch und den Rechteckchörchen der Seitenschiffe geöffnet und Teile der Ausmalung des 19. Jahrhunderts wiederhergestellt.

Ein Abstecher über die ‚Haupt'- und die ‚Waldnieler Straße' zur zweiten Amerner Kirche **St. Georg** lohnt sich. An den Turm aus dem 15. Jahrhundert baute man nach einem Brand 1883 bis 1886 ein neues Langhaus, der Turm wurde 1900 um ein Geschoss erhöht und ummantelt.

Zurück an der Kirche St. Anton fahren Sie, Kirche und Kriegerehrenmal auf der linken Seite, auf der ‚Polmansstraße' ortsauswärts, überqueren die Landstraße L 372 und fahren geradeaus in Straße und Honschaft ‚Kranenbruch'. Hinter der Hüttermühle (Haus-Nr. 32), die sich aber als Mühle nicht mehr erkennen lässt, biegen Sie nach rechts. Der Weg bringt Sie durch den Wald zum Borner See. Rechts um den See herum führt der Weg Sie in einem Dreiviertelkreis bis zum Ort Born. An der Gabelung fahren Sie zweimal rechts zur malerisch am See gelegenen Kirche **St. Peter** (s. S. 94).

Die 1136 erwähnte Kirche St. Peter erhielt 1433/34 einen neuen Chor, 1450 erweiterte man die Kirche durch den Anbau von Seitenschiffen, 1466/67 wurde der Turm vorgesetzt. Nach Zerstörung des Turmhelms 1800 wurde er um die Hälfte niedriger wieder aufgebaut. 1870 wurde die Sakristei gebaut, gleichzeitig das Tuff- und Backsteinmauerwerk restauriert und renoviert.

Sie wenden Ihr Fahrrad, an der Gabelung fahren Sie nicht zum See zurück, sondern geradeaus weiter. An der **Borner Mühle** 🍴 zu Ihrer Linken, die Sie ja vom Beginn der Tour kennen, radeln Sie auf dem Weg nach Brüggen zurück, auf dem Sie vor einigen Stunden Ihre Tour begonnen haben. Brüggen lädt zum Bummeln, aber auch zum Besuch des Jagd- und Naturkundemuseums in der Burg ein.

Tour 7
Brüggen
Start
Burg Brüggen
Brüggener Mühle
Born
St. Peter
Borner Mühle
Borner See
Mühlrather Mühle
Hariksee
St. Anton
St. Georg
Amern
Vogelsrath
L372
B221
L37
Schwalmtal
Waldniel
St. Michael
Haus Clee
Gützenrath
Dam
Elmpt
L372
St. Georgskapelle
Brempter Mühle
B230
Radermühle
B230
3
4
Steeg
A52
Pannenmühle
Niederkrüchten
Schwalm
L371
K34
Lüttelforster Mühle
Oberkrüchten
Lüttelforst
B221
K29
0
1 km
www.KARTENGRAFIK.de

Altes Waisenhaus

Tour 8: Städte im Brüggener Land

8

Die Anfahrtsbeschreibung zur Brüggener Burg finden Sie auf S. 81.
Tourenlänge: ca. 35 km
Schwierigkeitsgrad: leicht, meist ebenes Gelände und asphaltierte Wirtschaftswege

Aus dem Torhaus der Burg kommend biegen Sie rechts in den ‚Burgwall' ein bis zum ‚Westring', den Sie queren, Sie halten sich geradeaus und folgen den Radhinweisschildern Richtung Schwalmtal-Waldniel. Nach ca. 150 m biegen Sie dem Hinweisschild zum Borner See folgend links in den Weg ‚Laarer Bach' ein. Sie queren die Bundesstraße 221 (Vorsicht) und radeln weiter geradeaus durch die Bruchlandschaft. Sie queren die Schwalm und fahren weiter geradeaus auf den durch Austorfung seit dem Beginn des 17. Jahrhunderts entstandenen Borner See zu. An der Einmündung halten Sie sich links und biegen dann in die nächste befestigte Straße nach rechts ein, die Sie zur katholischen Pfarrkirche St. Peter bringt.

Eine Kirche wird erstmals urkundlich im Zusammenhang mit dem an den Grundherrn, die Kölner Abtei St. Pantaleon, zu zahlenden Zehnten 1136 erwähnt. Der 1434 geweihte Chor ist an ein schon bestehendes Langhaus angefügt worden, das 1450 erweitert und erneuert wurde und mit dem 1466/67 errichteten Turm abschließt. Während für den Chor, die Südseite des Langhauses und die oberen Turmgeschosse Backstein verwendet wurde, findet sich an den übrigen Bauteilen auch Mergel und der vor allem im 19. Jahrhundert als Ersatz für verwitterten Backstein eingesetzte Tuff. St. Peter ist ein über Pfeilern errichteter, kreuzrippengewölbter dreischiffiger Bau mit erhöhtem, aber fensterlosem Mittelschiff (sog. Pseudobasilika). Die Kirche ist nur zu den Gottesdiensten zugänglich.

Von der Kirche zurückkommend biegen Sie nach rechts wieder auf die Straße ein und folgen ihr bis zur Einmündung, an der Sie rechts in den ‚Schwalmweg' einbiegen. An der ‚Amerner Straße' angekommen biegen Sie dem Euroga-Zeichen folgend rechts in den Radweg Richtung Amern ein. Es geht nun am Waldrand entlang ein ganzes Stück leicht bergauf. Am Ende des Waldstücks angekommen, queren Sie die Straße und fahren geradeaus in den Wirtschaftsweg hinein. An der zweiten Kreuzung biegen Sie rechts ab, nehmen die nächste Straße links und biegen vor dem Ortseingangsschild von Dilkrath rechts in die Straße ‚Gendohr' ein. Dieser folgen Sie immer geradeaus bis zur Landstraße (‚Renneper Straße'), die Sie queren und radeln geradeaus in den Wirtschaftsweg, der hier teilweise unbefestigt ist, bis zur nächsten Einmün-

Heute beherbergt das klassizistische Wohnhaus die Dülker Stadtbibliothek

dung, an der Sie sich rechts halten. Bei der nächsten Möglichkeit biegen Sie links ab und radeln zwischen den Windrädern hindurch. Vor sich können Sie schon den Turm der Dülkener St. Corneliuskirche sehen. Am Ende des Weges biegen Sie links zur Landstraße ‚Amerner Weg' ab, in den Sie wiederum nach links einbiegen und Richtung Dülken radeln. Sie bleiben auf dieser Straße bis zur ‚Brandenburger Straße', in die Sie rechts einbiegen. In die ‚Waldnieler Straße' biegen Sie nach links ab, und bald sehen Sie die auf dem ‚Ernst-Hellmund-Platz' stehende rot-grün-gestreifte **Kastenbockwindmühle** unter dem Halbmond vor sich.

Die 1809 von der Witwe Holtz als Kornmühle errichtete Narrenmühle ist die jüngste und letzte der ehemals vier Windmühlen Dülkens. Ihr Mühlenkasten, in dem die 1937 wiederbegründete Narrenakademie (s. S. 98) tagt, erhebt sich über einem Backstein-Unterbau. Nach Einstellung des Mahlbetriebes 1906 kam sie in städtischen Besitz und wurde 1912 Museum. 2003 wurde sie restauriert und das Museum zur Geschichte der Narrenakademie aufgefrischt. Die Flügel der Mühle unter dem ‚Jungen Licht' können sich nun, wenn auch elektrisch angetrieben, wieder drehen.

Von hier aus fahren Sie stadteinwärts in die ‚Lange Straße', die geradeaus bald zur verkehrsberuhigten Straße wird. Sie folgen ihr weiter um

Die Silhouette der alten Pfarrkirche St. Peter in Born spiegelt sich im See zu ihren Füßen

den ‚Eligiusplatz' herum, halten sich dann geradeaus und fahren halbrechts in den ‚Hühnermarkt' hinein, der Sie vor die Westfassade der katholischen **Pfarrkirche St. Cornelius** bringt.

Eine Pfarre ist in Dülken durch eine um 1190/1210 datierte Urkunde belegt. Über diese frühe Kirche ist nichts bekannt. 1453 ist in einer Urkunde die Rede von einer Stiftung zum Neubau einer Kirche, die dann 1478 den Patronen Cornelius und Ulrich geweiht wurde. Der spätgotische, dreischiffige Vorgängerbau der jetzigen Kirche war Mitte des 19. Jahrhunderts in einem schlechten Zustand und zu klein für die auf 8000 Seelen angewachsene Gemeinde. 1870 wurde der am Niederrhein vielbeschäftigte Kölner Architekt Heinrich Wiethase mit dem Neubau der Kirche beauftragt. Dem 1871 begonnenen, fünfschiffigen Backsteinbau (einem der größten Kirchenbauten des Bistums Aachen) mussten viele Gebäude weichen, und dennoch reichte der Platz nicht aus. Der mit dem Querhaus und zwei Langhausjochen in einem Zug bis 1875 errichtete Chor wurde deshalb zur Kreuzherrenstraße hin gerade geschlossen. Drei weitere Joche und der Turm wurden in einer zweiten Bauphase 1905-1907 unter dem Architekten Heinrich Renard errichtet.

Zu Beginn des kleinen Stadtrundganges kurz etwas zur **Geschichte der Stadt Dülken**.

Der Mühlenkasten der Dülkener Mühle ist der Versammlungsort der Mitglieder der Narrenakademie

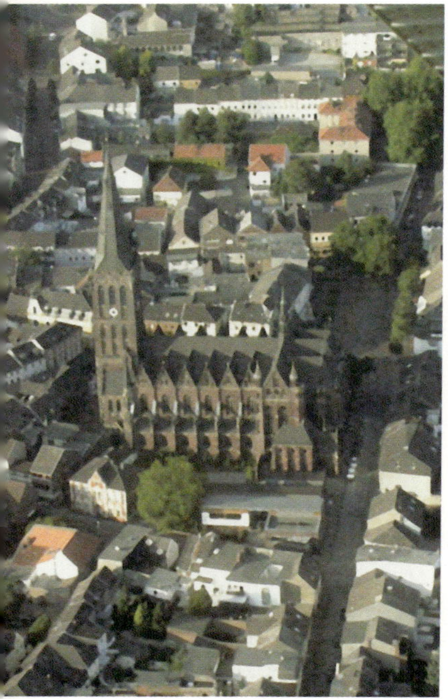

Das schon zu römischer Zeit besiedelte Dülken lag im Mittelalter an der nördlichen Grenze des Jülicher Landes gegen Geldern und Kurköln. Die Grafen und späteren Herzöge von Jülich waren vermutlich durch ihre Vogteirechte über den dem Viktorstift in Xanten gehörenden Ort in seinen Besitz gelangt. Trotz des Fehlens einer Stadterhebungsurkunde ist Dülken in der Mitte des 14. Jahrhunderts als Stadt anzusehen. Eine Stadtmauer mit Wall, Graben und Toren ist wohl erst unter den Grafen von Moers, an die Dülken zwischenzeitlich verpfändet war, ab 1421 errichtet worden. Die größten Veränderungen brachte die etwa in der Mitte des 19. Jahrhunderts einsetzende Industrialisierung mit sich. Die über Jahrhunderte in Heimarbeit betriebene Leinenweberei wurde zurückgedrängt und neue Branchen kamen hinzu. 1854 errichtete der Unternehmer und liberale Politiker Gustav Mevissen die erste mechanische Flachsspinnerei, 1865 gab es 19 Betriebe, die Samt und Seide herstellten, hinzu kamen Gerbereien, Färbereien, Maschinenfabriken, Zigarren- und Zigarettenfabriken und schließlich seit 1897 Kaffeeröstereien und -brennereien, deren bekannteste das 1882 gegründete „Kaiser's Kaffee-Geschäft" ist. Der lebhafte Aufschwung spiegelt sich in der Einwohnerzahl wider – zwischen 1850 und 1914 stieg sie von 3449 auf 10 897. Dülken gehört seit 1970 zur Stadt Viersen.

Der Stadtrundgang beginnt auf dem ‚Alter Markt' an der Nordseite der Kirche. Ihr Rad können Sie hier abstellen. Sie gehen links in die ‚Börsenstraße', die Sie zum ‚Westwall' und zu den beiden 1841 und 1854 errichteten Backsteingebäuden der ehemaligen **Flachsspinnerei und -zwirnerei Mevissen** bringt, die 1854 in dem zweieinhalbgeschossigen Bau als damals hochmodernes, von Dampfmaschinen angetriebenes Werk eröffnet wurde. Schon 1798 hatte Gustavs Vater, Gerhard Mevissen, als Pionier der Textilindustrie in Dülken eine erste Leinenzwirnerei gegründet. Vom ‚Westwall' aus wenden Sie sich nach links zur ‚Theodor-Frings-Allee', die mit einigen prunkvollen **Villen der Gründerzeit** auf-

Aus der Vogelperspektive: Der gewaltige Baukörper von St. Cornelius sprengt die mittelalterliche Stadtstruktur

wartet. Diese z. T. parallel zur ehemaligen Umwallung angelegte Straße ist nach dem bedeutenden, in Dülken geborenen Germanisten benannt. Der große, malerische Backsteinbau an der Straßenbiegung wurde 1892/1902 in Renaissanceformen als neues Rathaus errichtet. Der 1791 abgebrannte Vorgänger hatte am Markt gestanden. Links daneben befindet sich die ehemalige, 1872 errichtete **Höhere Bürgerschule**, deren neugotische Formensprache in der Tradition der Berliner Schinkelschule steht. Gegenüber sind die Reste der 1831 geschliffenen, ehemals mit 19 Türmen versehenen **Stadtbefestigung** zu sehen. An den vollrunden „Gefangenenturm" stoßen seitlich die Reste der Stadtmauer an, deren ehemaliger Verlauf an der Straßenführung von Ost- und Westwall noch gut nachvollziehbar ist. Sie folgen der ‚Theodor-Frings-Allee' vorbei am Kriegerdenkmal und gehen links durch die hohe, schmale Rundbogenöffnung in der Stadtmauer zum ‚Eligiusplatz'. Der Platz beherrschende Bau auf der linken Seite ist das um 1830/40 errichtete ehemalige Wohnhaus der Familie Cornely. Der klassizistische dreigeschossige Backsteinbau mit bekrönendem Dreiecksgiebel wurde 1889-1912 als **Waisenhaus** genutzt. An der gegenüberliegenden Platzecke biegen Sie in die Einbahnstraße, die ‚Kreuzherrenstraße', ein. Gleich am Anfang (Nr. 69) steht rechts eines der ältesten, erhaltenen Wohnhäuser der Stadt. Es ist durch Maueranker an der Giebelseite auf 1679 datiert. An

Die mittelalterliche Stadt wuchs, wie die Enge der Gasse zeigt, nahe an die Stadtmauer heran

Themen-Tipp: Dülkener Narrenmühle

Die Dülkener „berittene Akademie der Künste und Wissenschaften, die erleuchtete Monduniversität“ wurde am 21. 2. 1554 (geschätztes Datum) gegründet. Das älteste erhaltene Doktordiplom der Akademie stammt allerdings erst von 1746. Der 44 Mitglieder zählende Senat versammelt sich zweimal jährlich im Großen Weisheitssaal, dem Mühlenkasten der Narrenmühle: im April zur Eröffnung des akademischen Jahres und am Elften im Elften zu Beginn der Karnevalszeit. Höhepunkt des Jahres ist für die „Generalpächter der Weisheit“ die Verleihung des Dr. humoris causa. In der Ehrenliste finden sich Dichter wie Goethe und Vigoleis Thelen, Wissenschaftler wie Wernher von Braun und Heinrich Lützeler, Politiker wie Konrad Adenauer und Norbert Blüm und ein einziger weiblicher Doktor. Das kleine Museum zeigt neben Exponaten zur Geschichte der Narrenakademie u. a. auch den wahrlich gewaltigen Zahn der Zeit, der hier mutig in das 1. Jahrhundert v. Chr. datiert wird. Zudem kann man im Weisheitssaal die Stühle des Rector Magnificus und einiger Senatoren besichtigen und sich vom Geist des Ortes inspirieren lassen.

der Biegung steht links (Nr. 24) ein anspruchsvoll gestalteter, um 1880 errichteter Backsteinbau, das ehemalige **Amtsgericht**.
Auf dem Gelände der gegenüberstehenden Schule, direkt an der Stadtmauer, befand sich bis 1872 das 1479 gegründete **Kreuzherrenkloster**. Der dreiflügelige Backsteinbau (Nr. 43-47) neben der Schule ist die um 1860 errichtete ehemalige **Alte Kaplanei**. Von der ‚Kreuzherrenstraße' biegen Sie links in die ‚Moselstraße'. Hier am tiefsten Punkt der Altstadt floss die Nette (hier früher Mosel genannt) als offener Bach auf der Rückseite der Häuser entlang. Das 1863 errichtete **Pfarrhaus** (Nr. 6) zeigt eine mit hellen Formziegeln überaus reich ornamentierte Front. Über die Treppe links des Pfarrhauses kommen Sie zurück zur Westfassade von St. Cornelius. Sie biegen wieder in den ‚Hühnermarkt'. Nachdem Sie Ihr Fahrrad wieder bestiegen haben, halten Sie sich rechts und fahren dann geradeaus stadtauswärts in die ‚Venloerstraße'/B 7. Sie unterqueren die Eisenbahnbrücke und biegen kurz dahinter rechts in die Straße ‚Am Drouvenhof'. Sie biegen gleich in die nächste Straße links, den ‚Netter Kirchweg' ein, auf dem Sie etwa 2 km parallel zur B 7 Richtung Boisheim radeln. Beim Pferdehof biegen Sie rechts ab und radeln die Anhöhe hinauf. Bei der Kreuzung folgen Sie links der Beschilderung ‚St. Peter/Lucienkapelle' und fahren geradeaus durch das Waldstück hindurch bis zur **Luziakapelle** an der ‚Kapellenstraße'.

Die Kapelle wurde 1629 aus Dankbarkeit für die Errettung vor der Pest errichtet. Der kleine verputzte Backsteinbau unter einem Satteldach mit Dachreiter besitzt einen geschweiften Giebel und einen dreiseitigen Chorschluss. An den Innenwänden des gewölbten Baus befindet sich Architekturmalerei des 19. Jahrhunderts, das Chorgewölbe zieren barocke Engelsfiguren.

Sie folgen der Biegung der ‚Kapellenstraße' und dem Hinweisschild auf St. Peter bis zur ‚Nettetaler Straße', die Sie queren und rechts in die Straße ‚An St. Peter' einbiegen.

Die erste Erwähnung einer sicher älteren Kapelle in Boisheim stammt aus den Jahren 1258/91. Aus einer umstrittenen Urkunde von 1304 geht hervor, dass die Kirche im Besitz des Kölner Klosters St. Pantaleon war. Der jetzige Kirchbau ist laut Inschrifttafel auf der Nordseite 1487 errichtet worden. 1898 wurde er unter Opferung des Turmes nach Plänen der Kölner Architekten Rüdell und Odendahl nach Westen erweitert. Die spätmittelalterlichen Teile des dreischiffigen Backsteinbaus zeigen am Außenbau, vor allem am Chor, lagenweise Tuffstein, so genannte Speckstreifen. Die Pseudobasilika (erhöhtes, aber fensterloses Mittelschiff) ist über Rundpfeilern errichtet, ihre Kreuzrippengewölbe werden auf Konsolen abgefangen. Sie gehört in ihren spätgotischen Anteilen dem Typus nach gemeinsam mit Amern St. Anton, Waldniel und Dilkrath in eine Gruppe von niederrheinischen Pseudobasiliken. Die Kirche ist nur von außen zu besichtigen.

Vom Parkplatz vor der Westfassade biegen Sie nach links in den Fahrradweg der ‚Brüggener Straße', dem Sie ca. 50 m folgen. An der Kreuzung biegen Sie rechts ab in die ‚Nettetaler Straße', von der Sie bald wiederum nach rechts in die Straße ‚An der Weuthenmühle' einbiegen. Dieser folgen Sie bis zum Ende und biegen nach links in die Landstraße ein. Vorsicht, kein Fahrradweg! Von der Landstraße biegen Sie bei der nächsten Gelegenheit nach rechts ab und radeln auf die katholische **Pfarrkirche St. Gertrudis** zu.

Das am Rande der Happelter Heide gelegene Dilkrath wird erstmals 1326 urkundlich erwähnt, die Namensendung auf -rode deutet aber auf eine Besiedelung um das Jahr 1000 hin. Das Gründungsdatum der Pfarre ist unbekannt. Da der erste, namentlich fassbare Pfarrer für das Jahr 1438 genannt wird, muss der inschriftlich auf 1460 datierte Bau einen Vorgänger gehabt haben. Zu diesem gehören vielleicht die unteren in Tuffstein ausgeführten Teile des Turmes. Die Kirche war vor allem im 17. Jahrhundert das Ziel von Wallfahrten zur hl. Gertrud. 1902/04 wurde der Kirchenbau, eine Pseudobasilika über Rundstützen, nach Entwürfen der Kölner Architekten Rüdell und Odendahl um Querhaus und Chor erweitert. Der Westturm zwischen jüngeren Kapellenanbau-

Ein weniger vertrauter Blick auf die Dilkrather Pfarrkirche St. Gertrudis

ten wurde in den 1980er Jahren zum Schutz der mürben Feldbrandsteine verputzt und erhielt den jetzigen rötlichen Anstrich. Der Turm der Kirche ist zugänglich.

Gegenüber der Kirchenfront biegen Sie in den Wirtschaftsweg ein und folgen ihm bis zur Gabelung in der Baumschule. Hier biegen Sie links ab und halten sich bei der Einmündung hinter der Baumschule rechts. Sie fahren in das vor Ihnen liegende Waldstück hinein und nehmen an der Wegekreuzung den halblinks abzweigenden Waldweg. An der Kreuzung mit der allein stehenden Birke biegen Sie links in den Feldweg ab, der aber bald wieder asphaltierter Wirtschaftsweg wird. Sie folgen diesem Weg geradeaus bis zur Kreisstraße und biegen hier links auf den Fahrradweg ein. Nach ca. 50 m biegen Sie rechts in den Feldweg ein, queren einen Wirtschaftsweg und radeln geradeaus weiter. Am Ende des kleinen, rechts liegenden Waldstückes biegen Sie links nach Born ab. An der Einmündung am Festplatz der Schützenbruderschaft biegen Sie rechts ab und nehmen gleich die nächste links abbiegende Straße. Sie fahren an der Ihnen schon bekannten Borner Kirche vorbei bis zur Einmündung, an der Sie nochmals links und bei der nächsten Möglichkeit dem NRR-Signet folgend rechts abbiegen. Bald sehen Sie die Borner Mühle zu Ihrer Rechten liegen, die seit dem 14. Jahrhundert belegt ist und eine Korn-, Öl-, Walk- und Lohmühle war (s. S. 81).

Von der Betrachtung der Mühle kehren Sie auf den Weg zurück und biegen links ein. Sie unterqueren die Bundesstraße und folgen dem NRR- und Euroga-Signet Richtung Brüggener Burg. Die Straße ‚In der Haag' mündet in den ‚Burgwall', und Sie sehen den Burgturm vor sich.

Tour 8
Bracht
Schaag
Börholz
L387
Boisheim
Luziakapelle
St. Peter
Am Kreuzgarten
A61
B221
Schirick
B7
L373
Heidend
Boisheimer Nette
Genrohe
St. Cornelius
Dülken
Dilkrath
St. Gertrudis
Brüggen
Born
Schieferdyk
Gendohr
Renneper-straße
Narrenmühle
Burg Brüggen
Start
Borner See
St. Peter
L372
L3
Laarer See
Schwalm
St. Georg
L372
L475
St. Anton
Hariksee
Amern
B221
Schwalmtal
0
1 km

Die Stadt Brüggen und ihre Sehenswürdigkeiten

Die **Brüggener Burg** war und ist eine der bedeutenderen Wasserburgen des Niederrheins, auch wenn das heutige Aussehen ihre Bedeutung nicht mehr ganz widerspiegelt. Die heutige Burganlage geht vermutlich auf die Zeit von 1350 zurück. Die Kernburg war eine unregelmäßige, vierseitige Backsteinanlage um einen Binnenhof mit zwei Haupttrakten im Osten und Westen und ehemals vier runden Ecktürmen. Erhalten ist das östliche Hauptgebäude, der so genannte Pallas (Wohn- und Repräsentationsräume), der ihn flankierende südöstliche Eckturm und als Ruine der westliche Flügel. Auf der Hofseite befand sich früher der Haupteingang. Am Pallas ist auf der Ostseite (Außenseite) noch ein Spitzbogenfries als Abschluss des ersten baulichen Zustandes zu sehen. Ende des 15., Anfang des 16. Jahrhunderts wurde auf diesen Trakt wie auch auf den Turm ein weiteres Geschoss aufgesetzt. Zur gleichen Zeit wurde der nordwestliche Turm abgetragen und an seiner Stelle auf der Westseite der Kernburg eine Schlosskapelle errichtet. Von der südlichen Verbindung der beiden Hauptgebäude steht heute noch das (innere) Burgtor mit einem großen spitzbogigen Portal. Gleichzeitig mit der Schlosskapelle entstand wahrscheinlich die Vorburg mit einer äußeren Ringmauer, dem noch bestehenden rechteckigen Torturm und einem kleineren Eckturm. In der Vorburg waren die Wirtschaftsgebäude untergebracht.

Von der Ringmauer sind nur noch geringe Reste an der Südseite erhalten. Der Ringmauer und damit der Gesamtanlage vorgelagert war ein Wassergraben, der von der Schwalm gespeist wurde. Im Laufe des 16. Jahrhunderts wurden äußere Festungswälle mit unterirdischen Kasematten angelegt. Die französischen Besatzer verkauften die Burg 1804 an einen Privatmann. Danach fielen drei Viertel der Burg ebenso wie das gewaltige Festungswerk der Schleifung und Wiederverwendung von Baumaterialien zum Opfer. Nach schwerer Beschädigung der Burgruine im Zweiten Weltkrieg wurde der Komplex seit den 1960er Jahren restauriert, verbunden mit gründlichen Forschungsarbeiten. Seit 1979 ist das Jagd- und Naturkundemuseum in Pallas und Burgturm einquartiert, im Mai 2000 zog ebenfalls die Touristik-Information der Gemeinde in die Burg ein, die auch Informationen über den Naturpark Schwalm-Nette bereit hält.

Informationen zur **Burgmühle** finden Sie auf S. 81.

Die **Rentei** war ursprünglich wohl ein Wachgebäude über dem Schwalmtor. Die heutige Klosterstraße führte durch dieses Tor in den Ort. Im 14.

Die ehemalige Rentei liegt wie die Mühle direkt an der Schwalm

Durch den Tortum betritt man auch heute noch das Gelände der Vorburg

Jahrhundert wurde ein Backsteinbau über dem Tor und der Ortsbefestigung errichtet, der im Untergeschoss mit tonnengewölbten Räumen noch erhalten ist. Auch die Mauerverbindung zur Mühle hin ist heute noch kenntlich. Das heutige Gebäude wurde um 1770 mit zwei hohen Geschossen über dem Sockelgeschoss errichtet. Das achtachsige Gebäude springt in den beiden mittleren Fensterreihen vor. In der Mitte befindet sich das ehemalige Straßentor als rundbogiges Portal. Innen sind Decken und Türen der ersten Bauperiode noch teilweise erhalten.

Das 1479 errichtete **Kreuzherrenkloster** wurde nach einem Brand im Jahr 1751 im Barockstil wieder aufgebaut. Die Umfassungsmauern der mittelalterlichen Kirche **St. Nikolaus** wurden wieder verwendet, teilweise sind die zugesetzten Spitzbogenfenster an den Längswänden noch erkennbar, wenn auch im 18. Jahrhundert Rundbogenfenster eingesetzt wurden. Nach dem Brand wurde auch die Kirche umorientiert, im ehemaligen Chor auf der Ostseite wurde eine Orgel eingebaut und der Kirche ein neuer Chor im Westen angebaut. Statt des gotischen Kreuzgewölbes erhielt die Kirche ein Spiegelgewölbe. In den 1960er Jahren wurde der Altarraum noch einmal weiter nach Westen verlegt und erhielt einen dreiseitigen Abschluss, südlich des Altarraums wurde die Wand zum ehemaligen Klostergebäude geöffnet und so rechtwinklig zum Hauptschiff eine Werktagskapelle gewonnen. An die Südseite wurde ein niedriger Anbau für Sakristei und Eingangsbereich geschaffen. Die Innenausstattung stammt im Wesentlichen aus dem 18. Jahrhundert und wurde für diese Kirche geschaffen.

Das **Kreuzherrenkloster** war zwischen 1630 und 1794 Ort der moraltheologischen und der philosophischen Ausbildung des Ordensnachwuchses der ganzen Maasprovinz. Es wurde 1802 unter der Franzosenherrschaft wie alle Klöster aufgelöst. Das Gebäude beherbergte vorübergehend eine Seidenweberei, später Schule und Gemeindeamt. Auch heute befindet sich im ansehnlichen einstigen Konventsgebäude aus dem 18. Jahrhundert noch das Rathaus.

Bei der Belagerung Brüggens durch den Burgunder-Herzog Karl den Kühnen im Jahr 1473 gingen das erste Kirchlein, eine Nikolauskapelle, samt den 49 Wohnhäusern des Ortes in Flammen auf. 300 Jahre später wurde Brüggen 1751 erneut Raub der Flammen, diesmal wurden das Kloster, die Kirche und 33 Häuser im Ortskern vernichtet. So ist der Gebäudebestand aus Mittelalter und früher Neuzeit leider stark dezimiert. Doch weist die Klosterstraße von der Rentei bis zur Kirche noch eine recht einheitliche Bebauung auf. Die Häuser aus dem 17. bis 19. Jahrhundert sind überwiegend gut restauriert und bieten mit Burg, Mühle und Rentei den stimmigen Gesamteindruck einer attraktiven niederrheinischen Kleinstadt.

Beschaulicher Winkel auf der Klosterstraße

Tour 9: Brüggener Kult-Tour

9

Die Anfahrtsbeschreibung zur Brüggener Burg finden Sie auf S. 81.
Tourenlänge: ca. 25 km
Schwierigkeitsgrad: mittel, überwiegend asphaltierte Wirtschaftswege, einige leichte Steigungen

Die Tour beginnt beim Torhaus der Burg. Aus dem Tor heraustretend biegen Sie nach links in den ‚Burgwall' und fahren diese Straße bis zur Einmündung hinter der ausgestellten Dampflok. Hier biegen Sie nach links in die ‚Borner Straße' ein, die für ein kurzes Stück zur Spielstraße wird und folgen dem Straßenschild Richtung Swalmen. Ab hier heißt die Straße ‚Roermonder Straße', auf der Sie bis zur Landstraße (L 373) bleiben. Hier biegen Sie dem Straßenschild Richtung ‚Swalmen' folgend links in den Fahrradweg der ‚Swalmener Straße' ein. Nach ca. 100 m sehen Sie rechter Hand die Anlagen der **Firma Röben**, Tonbaustoffe, Werk Brüggener AG in Oebel. Hier in Oebel wurde schon im Mittelalter Ton abgebaut. Seit 1885 produzierten in Brüggen und Umgebung mehr als 25 Dachziegelfabriken und Tonröhrenwerke. Die Brüggener Aktiengesellschaft für Tonwarenindustrie (BAG) wurde 1890 hier in Oebel gegründet und produzierte um die Jahrhundertwende durchschnittlich 10 Millionen Dachziegel mit mehr als 200 Beschäftigten. In Brüggen sind heute nur die Firmen BAG, heute zur Röben-Gruppe gehörend und Gebr. Laumans übriggeblieben (s. S. 112). Gegenüber den Fabrikanlagen biegen Sie dem Fahrradschild ‚Elmpt' folgend nach links in den ‚Schwalmweg' ein, queren die Schwalm und radeln später auf der wiederum nach links abbiegende Straße ‚Zur Kapelle' auf die **Marienkapelle** zu.

Schloss Dilborn in der Schwalmaue

Der Backsteinbau der Overhetfelder Wallfahrtskapelle St. Maria an der Heiden (Elmpter Kapelle) wurde in zwei Etappen errichtet. Den Chor bildet die ursprüngliche Gnadenkapelle, die Ende des 17. Jahrhunderts von den Herren von Elmpt erbaut wurde. Sie beherbergt den Altar mit dem Gnadenbild. Der über querhausartige Anbauten mit dem Chor verbundene und mit Strebepfeilern verstärkte Backsteinsaal wurde 1734 angefügt. Das kostbarste Ausstattungsstück ist das über Schloss Dilborn hierher gelangte kleine Antwerpener Passionsretabel mit bemalten Flügeln aus dem frühen 16. Jahrhundert an der linken Wand. Die Tafel mit der Darstellung der so genannten Gregorsmesse ist von einem Johannes de Valle (van Dale) signiert, der 1506/07 Vorsteher der Brüsseler Malergilde war. Bei dem Retabel handelt es sich also um eine Koproduktion nicht nur von Bildhauern und Malern, sondern auch

zweier Städte, Antwerpen und Brüssel. Die Kapelle ist zugänglich bis zum Gitter unter der Orgelempore.

🍴 Für einen Abstecher zur Dilborner Mühle folgen Sie weiter der Straße ‚An der Kapelle' bis zur Einmündung in die ‚Dilborner Straße'. Sie halten sich geradeaus und kurz hinter der Rechtskurve erscheint linker Hand der Zufahrtsweg zum Campingplatz **Dilborner Mühle**, in den Sie einbiegen und bald den quergelagerten Mühlenbau vor sich sehen.

Die an einem unbegradigten Stück der Schwalm stehende Mühle gehörte bis 1845 zum nahe gelegenen Schloss Dilborn. 1363 erhielt Seger von Swalmen das feste Haus Dilborn, wahrscheinlich mit der Mühle, vom Herzog von Geldern zu Lehen. 1845 wurde sie von den neuen Besitzern Dilborns, den Grafen von Schaesberg auf Krickenbeck, an die Müllerfamilie van de Weyer verkauft. Der heutige, wohl im Zusammenhang mit dem Verkauf nach 1845 errichtete zweigeschossige Backsteinbau beherbergt in der rechten Hälfte die mit einer Brandmauer vom Wohnteil abgetrennte Mühle mit Mahlwerk und eines der beiden noch vorhandenen Räder. Die frühere Öl- und Kornmühle lief bis 1945 mit Wasserkraft, danach bis in die frühen 70er Jahre des 20. Jahrhunderts elektrisch.

Sie kehren zur ‚Dilborner Straße' zurück, biegen nach rechts und folgen ihr bis zum Abzweig ‚Hoferfeld'. Hier biegen Sie dem Signet der NRR

Die Wallfahrtskapelle St. Maria an der Heiden ist von einem großen baumbestandenen Versammlungsplatz für die Pilger umgeben

folgend links in die Straße ‚Hoferfeld' ein und radeln auf Elmpt zu. Im Ort folgen Sie der Straße ‚Am Friedhof' bis zur **Kirche**.

Die auf der Anhöhe in unmittelbarer Nähe zu Haus Elmpt errichtete katholische Pfarrkirche St. Laurentius ist wohl aus der Hauskapelle der Herren von Elmpt hervorgegangen. Sie ist eine aus Backstein errichtete dreischiffige Hallenkirche des 15. Jahrhunderts mit einem Westturm von 1611. Am Außenbau fällt auf, dass die beiden Seitenschiffjoche mit quer zur Längsachse des Baus ausgerichteten Giebeln unter Satteldächern auftreten. Auf diese Weise wird, unterstützt durch die mittig gesetzten Strebepfeilern, eine fassadenartige Wirkung erzielt. Im Inneren ruhen die Mittelschiffwände der beiden Langhausjoche auf Rundstützen, die Kreuzrippengewölbe von Mittel- und Seitenschiffen werden von Konsolen abgefangen. Die Kirche wurde 1870-1880 stark restauriert, dabei wurden auch das Querhaus und der Chor angefügt. Das Bildhaueratelier Lenaerts und Houtermans in Roermond stellte sowohl den neugotischen Hochaltar (1863) als auch den Kreuzweg (1861) bei der Kirche her, dessen bildliche Darstellungen z. T. zerstört sind. Die Kirche ist nur zu den Gottesdiensten zugänglich.

Vom Westturm der Kirche führt ein kurzer Fußweg zum **Haus Elmpt**, um das Sie rechts herum bis zum Haupttor gehen

Die Dächer von Haus Elmpt und der Pfarrkirche St. Laurentius fügen sich zu einer bewegten Silhouette zusammen

Das fast vollständig zugewachsene Haus Elmpt war adeliger Eigenbesitz und Stammsitz der Herren von Elmpt, die 1203 erstmals urkundlich erwähnt werden. Das ehemals mit einem Graben bewehrte Herrenhaus, dessen Vorburg 1761 abbrannte, besteht im Kern aus einer rechteckigen Backsteinanlage der zweiten Hälfte des 15. Jahrhunderts mit zwei Wohnflügeln an den Schmalseiten und einem dreigeschossigen Torturm von 1750 an der Vorderseite. Die vierte Seite war durch eine hohe Wehrmauer geschlossen. Die Anlage ist im 18./19. Jahrhundert mehrfach verändert worden. Die malerische Silhouette mit ihren verschiedenartigen Dachformen wurde in den 1980er Jahren nach einer Ansicht von ca. 1840 wieder hergestellt. Haus Elmpt ist ein privates Wohnhaus und nicht zugänglich.

Sie wenden sich zur Straße zurück, biegen nach links in sie ein und folgen ihr hinauf bis zum Stopp-Schild. Hier biegen Sie links in die ‚Hauptstraße' und beim Wegekreuz rechts in die Straße ‚In der Furt'. An der Kreuzung mit der Straße ‚Berg' biegen Sie links, danach in den unbefestigten Weg nach rechts ab. Die Unterführung der Autobahn A 52 können Sie hier schon sehen. Hinter der Unterführung halten Sie sich stark links und radeln den ansteigenden Weg hinauf, der Sie schnurgerade zum Ortsrand von Oberkrüchten führt. Hier biegen Sie links und an der nächsten Kreuzung, dem Fahrradschild Richtung Niederkrüchten folgend, wiederum links ein. Am Kreisel halten Sie sich geradeaus und radeln auf der ‚Kirchstraße' auf die **St. Martinskirche** zu.

Die Oberkrüchtener Pfarrkirche St. Martin geht vermutlich zurück auf einen ersten Kirchenbau aus der Zeit um das Jahr 1000. Um diese Kirche bildete sich die in einer Schwalmmulde an einem von Venlo kommenden Salzweg gelegene Siedlung. Der heutige Bau stammt aus drei verschiedenen Epochen. Der Chor ist ein Rest der im 15. Jahrhundert errichteten Kirche, die 1675, wie ein Großteil der Häuser des Ortes, durch luxemburgische und lothringische Soldaten geplündert und gebrandschatzt wurde. Gerettet werden konnte von der Ausstattung nur

Das Martinspatrozinium der Oberkrüchtener Kirche zeugt von der frühen Gründungszeit einer Kirche an diesem Ort

der Marienaltar von 1653 (linker Seitenaltar). Der Neubau der Saalkirche erfolgte in den Jahren 1678 bis 1680, dies geschah erstaunlicher Weise in gotisierenden Formen mit gedrückten Kreuzgratgewölben. 1901 wurde der Westbau nach Plänen des Baurats Daniels errichtet und die Taufkapelle angefügt. Die Sakristei von 1810 wurde 1960 erweitert. Das Mauerwerk wurde wahrscheinlich im Zusammenhang mit dem Westbau stark restauriert. Der hölzerne dreigeschossige Hochaltar von 1728 mit einer (1884 angekauften) Kreuzabnahme nach Rubens und einer Mantelspende des hl. Martin ist, Marmor vortäuschend, grau und schwarz bemalt. Die schöne, farbig gefasste Kanzel (1654), der Martinsaltar (2. Hälfte 17. Jahrhundert) und die sechs Heiligenfiguren des späten 19. Jahrhunderts komplettieren die reiche Ausstattung. Die Kirche ist von Mai bis September bis zur Glastür unter der Orgelempore zugänglich.

Sie wenden sich zurück zur ‚Kirchstraße', in die Sie rechts einbiegen. An der nächsten Einmündung folgen Sie dem Fahrradschild nach rechts und radeln entlang der K 23, queren später die ‚Aachener Straße' und fahren über die Straße ‚An Felderhausen' geradeaus Richtung Ortsmitte Niederkrüchten. An der Einmündung biegen Sie links in die ‚Mittelstraße' und sehen die **Kirche St. Bartholomäus** schon bald rechter Hand liegen.

Die Pfarrkirche St. Bartholomäus liegt auf einem Plateau oberhalb des heutigen Ortskernes

Themen-Tipp:
Tonindustrie

Nach dem Niedergang der Heimweberei erfolgte im niederrheinischen Grenzgebiet 1885 die Ansiedlung einer ersten Tonwarenfabrik, der bis 1900 in Kaldenkirchen, Brüggen, Bracht, Niederkrüchten und Elmpt weitere 25 Werke folgten. Den Rohstoff gewann man in Tongruben im Brachter, Brüggener und Elmpter Gemeindewald, die teilweise heute noch zu erkennen sind. Hauptprodukt der Ziegeleien waren Dachziegel, wovon bis 1914 jährlich 80 Millionen gepresst wurden, nach dem Ersten Weltkrieg sogar über eine Milliarde jährlich (fast 1/6 der deutschen Produktion). In den durchschnittlich 25 Werken arbeiteten 1500 Arbeiter, die sowohl aus dem deutschen wie auch dem niederländischen Hinterland kamen. Die Ziegelindustrie sorgte für eine bessere Infrastruktur in den bislang stark agrarisch geprägten Gemeinden und damit für den Anschluss an das Industriezeitalter. In den 1960er und 1970er Jahren überlebten viele Fabriken den Strukturwandel in der Bauwirtschaft nicht (Betondachsteine!). Heute gibt es in Brüggen und Bracht noch insgesamt vier Ziegelwerke.

Am Standort der katholischen Pfarrkirche St. Bartholomäus hatten die Herren von Brempt schon 1150 eine Eigenkirche errichtet, von der sich nur das Rundbogenportal am Übergang vom Turm zum Langhaus erhalten hat. Die jetzige Kirche ist in drei verschiedenen Epochen errichtet worden. Die dreischiffige, über Pfeilern errichtete Pseudobasilika (mit leicht erhöhten, fensterlosen Mittelschiffswänden) mit Querhaus und 5/8-Chorschluss wurde nach Aussage des vom Nordseitenschiff ins Mittelschiff versetzten Schlusssteins 1485 errichtet. Das Mittelschiff und das rechte Seitenschiff sind mit schönen Netzgewölben überfangen. Der vorgesetzte, viergeschossige Westturm ist laut Maueranker 1604 angefügt worden. Für den 1909/10 errichteten, nach Norden orientierten, dreischiffigen Erweiterungsbau wurde das nördliche Seitenschiff niedergelegt. Er ist in neugotischen Formen nach Plänen des Kölner Dombaumeisters Hertel errichtet worden und außen mit einem sehr groben Putz dekoriert. Die Barockausstattung des Erweiterungsbaus wurde aus der alten Kirche übernommen. Sie wurde 1693 in Roermond angekauft: drei Altäre, zwei Beichtstühle, Sitzbänke und Kanzel. Der Turm, von dem aus ein Blick in die Kirche möglich ist, ist täglich außer montags zugänglich.

Sie kehren zur ‚Mittelstraße' zurück, in die Sie rechts einbiegen. Auf dem Platz zu Ihrer Linken steht eine kleine achteckige **Marienkapelle** aus Backstein mit glockenförmigem Schieferdach und vor die Kanten gesetzten Pilastern. Sie ist durch eine eingelassene Tafel auf 1836 datiert und ersetzt einen Vorgängerbau, der einer Schule weichen musste. Ihre Bauform bezieht sich auf die Kevelaerer Marienkapelle. Am Kreisel biegen Sie rechts in die ‚Hochstraße' ein, an der Ampel fahren Sie links in den ‚Brempter Weg' hinein, auf dem Sie bleiben Das Sackgassenschild betrifft nur die Autofahrer! Der ‚Brempter Weg' führt Sie unter der Autobahn hindurch bis zur **Kapelle St. Georg**.

Die um 1500 errichtete Brempter St. Georgskapelle ist sehr anspruchsvoll gestaltet. Der einschiffige Backsteinbau mit dreiseitigem Chorabschluss besitzt am Außenbau zwölf zweifach zurückgestufte Strebepfeiler, die auf eine ursprünglich geplante Wölbung schließen lassen. Der Hauptschmuck des Baus ist der Westgiebel mit dem von Bürgerhäusern oder Burganlagen bekannten, für einen Sakralbau aber ungewöhnlichen Stufengiebel. Zwei aus übereck gestellten Ziegeln gebildete „Deutsche Bänder" gliedern den Giebel in der Horizontalen und die darüber eingesetzten Blendbogenarkaden beleben die Wandoberfläche. Die Wahl des Ritterheiligen St. Georg als Kapellenpatron und die aufwändige Gestaltung des kleinen Baus belegen, dass die Kapelle zur unweit gelegenen Burg der Herren von Brempt, die 1583 zerstört wurde, gehörte. Ebenfalls zur Burg gehörte die einen Steinwurf weit entfernte Brempter Mühle. Urkunden des 13./14. Jahrhunderts, die die Herren von Brempt als Mitglieder der bedeutenden Stifte in Xanten und Köln ausweisen, illustrieren ebenso wie die kostbare Ausstattung der Kapelle den Rang dieses Geschlechtes.

Sie kehren auf die ‚Kapellenstraße' zurück und biegen an der Kreuzung links ab in die ‚Kahrstraße', der Sie bis zur ‚Kaldenkirchener Straße' folgen. Hier biegen Sie rechts ab. Bei der abknickenden Vorfahrt halten Sie sich geradeaus und fahren in den ‚Laarer Weg'. Sie queren vorsichtig die Landstraße und fahren den gegenüberliegenden unbefestigten Weg hinauf. Von der Höhe aus können Sie die Laarer **Luziakapelle** schon sehen, zu der Sie der zweite nach links ab-

Ein Kleinod abseits der Hauptstraßen – Die Brempter St. Georgskapelle

biegende Wirtschaftsweg führt. Die kleine achteckige Kapelle von 1708 entspricht im Typus der Marienkapelle von Niederkrüchten. Sie kehren zurück auf den Wirtschaftsweg und biegen nach links ein. Am Ende des Weges halten Sie sich rechts und sehen vor sich die Schornsteine dreier stillgelegter Dachziegeleien und den Brüggener Burgturm. Über den Abzweig nach links kommen Sie an die B 221, die Sie vorsichtig queren und in den Fahrradweg nach rechts einbiegen. Bei der nächsten Einmündung folgen Sie dem Hinweisschild ‚Burg Brüggen' nach links. Der Beschilderung ‚Schloss Dilborn' folgend biegen Sie gleich wieder links ab. Der Zufahrtsweg zu **Schloss Dilborn** zweigt gleich hinter der Brücke über den Elmpter Bach rechts ab.

Das am Südufer der Schwalm gelegene feste Haus Dilborn wird 1363 erstmalig in einer Urkunde erwähnt. Seger von Swalmen erklärt darin, dass er das durch Heirat mit Guda von Elmpt an ihn gekommene Haus vom Herzog von Geldern zu Lehen erhalten habe. Im niederländischen Krieg ist das feste Haus nahezu zerstört worden. Das heutige Schloss Dilborn wurde 1752, wohl unter Verwendung älterer Teile der Vorburg, errichtet. Es ist ein zweigeschossiger, langgestreckter Backsteinbau unter einem Mansarddach, der von zwei höheren, quadratischen Eckbauten eingefasst ist. Zum Vorplatz hin sind noch sechs Remisentore erkennbar. 1854 ging Haus Dilborn durch Kauf an die Grafen von Schaesberg zu Krickenbeck, die die Ruine des alten Hauses abreißen ließen und dort den Garten anlegten. 1867/68 wurde dem Schloss auf der Rückseite eine neugotische Kapelle nach Plänen des am Niederrhein vielbeschäftigten Kölner Dombaumeister Vinzenz Statz angefügt. Der Krefelder Maler Heinrich Nauen wohnte auf Dilborn von 1911 bis 1931. Ab 1861 entstand der jenseits der Straße gelegene Schaesberg'sche Wirtschaftshof im Stil der Neugotik. Heute ist im Dilborner Schloss ein Jugenddorf untergebracht. Sie können den Vorplatz betreten und einen Blick auf den Bau werfen.

Zurück auf dem Zufahrtsweg wenden Sie das Rad und fahren ca. 400 m zurück, bis links ein Wanderweg (X A6) abzweigt, der zwar eng und nicht befestigt ist, der Sie aber über mehrere Brücken durch ein schönes Stück der Schwalmaue führt. Hinter der Feuerwehrstation biegen Sie rechts ab und befinden sich auf dem ‚Westring'. Über die links abzweigende ‚Klosterstraße' und den ‚Burgwall' kommen Sie zurück zu Ihrem Ausgangspunkt.

Tour 9
Brüggen
Röben Tonfabrik
Start
Burg Brüggen
Borner See
Dilborner-Mühle
Schwalm
Kapelle
Schloss Dilborn
L372
St. Maria an
der Heiden
Dilborner
Wald
Luziakapelle
B221
Laar
L37
Hariksee
Gützenrath
St. Laurentius
Brempt
Haus Elmpt
Elmpt
St. Georgskapelle
B230
3
B230
4
A52
Schwalm
Niederkrüchten
St. Bartholomäus
0
1 km
St. Martin
www.KARTENGRAFIK.de
Oberkrüchten

Tour 10: Über die Maas!

Die Anfahrtsbeschreibung zur Burg Brüggen finden Sie auf S. 81.
Tourenlänge: ca. 50 km
Hinwies: Ausweisdokumente sind mitzuführen
Schwierigkeitsgrad: leicht, vorwiegend ebenes Gelände und asphaltierte Wirtschaftswege

Sie starten am Torhaus der Burg Brüggen und biegen nach links in den ‚Burgwall' ein, an dessen Ende Sie links in die ‚Borner Straße' abbiegen. Sie nehmen die nächste Straße ‚Alter Postweg' rechts und fahren dann wieder rechts in die ‚Hochstraße' hinein. Am ‚Bernhard-Röttgen-Waldweg' biegen Sie rechts ab. Nach Überquerung der Umgehungsstraße B 221 folgen Sie geradeaus dem Fahrradzeichen. Bei der nächsten Einmündung biegen Sie rechts und bei dem dritten Querweg links dem Fahrradzeichen folgend ab. Sie queren die Autostraße (K 20), fahren geradeaus weiter und queren in ‚Alst' die Landstraße (L 387). Bei der nächsten Gelegenheit biegen Sie links ab, überqueren die ‚Brüggener Straße' und biegen in den Fahrradweg nach rechts ein. Bald sehen Sie auf der linken Seite die Überreste des **Kastells Schleveringhoven**.
Von der einst bedeutenden Anlage des schon 1403/36 erwähnten Kastells Schleveringhoven sind nur noch die das Haus auf drei Seiten umschließende Mauer (auf der Westseite befand sich ursprünglich ein Wassergraben), ein Turm an der Straße und ein im frühen 18. Jahrhundert errichteter Nebenflügel erhalten. Der zweigeschossige, verputzte Backsteinbau unter einem Mansardwalmdach ist Teil eines ein Altenheim und einen Kindergarten umfassenden Komplexes.

Das Klosterdorf Steyl vom gegenüberliegenden Maasufer aus gesehen

Sie bleiben auf der ‚Brüggener Straße', folgen der Beschilderung Richtung Ortsmitte Bracht und biegen dem Wegweiser zu den Kirchen folgend nach links in die ‚Königstraße' ein, die auf den Marktplatz führt. Rechts auf der Ecke steht das 1850 errichtete Rathaus, ein zweigeschossiger klassizistischer Putzbau mit vorspringendem, giebelbekröntem Mittelteil. Der mit der Giebelseite zum Markt orientierte Bau ist die **evangelische Kirche**.
Der jetzige einschiffige Saalbau wurde laut Maueranker 1699 errichtet und ersetzte ein älteres Predigthaus der evangelischen Gemeinde Bracht, die seit 1573 nachweisbar ist. Die Fenster des verputzten Backsteinbaus unter einem Satteldach erhielten um 1850 gusseisernes Maßwerk.
Sie bleiben auf der ‚Königstraße', um dann rechts zur inmitten eines von einer Mauer umgebenen Kirchhofes gelegenen katholischen **Pfarrkirche St. Maria Himmelfahrt** abzubiegen.

Die 1466 zuerst genannte Pfarrkirche St. Maria Himmelfahrt wurde laut Inschrift am 1831 neu gebauten Turm unter Verwendung von Teilen eines Vorgängerbaus 1484 errichtet. 1831 wurde die Kirche auch um ein Joch nach Westen erweitert. Der Bau ist eine über achteckigen Pfeilern errichtete Pseudobasilika. Während für Turm, Chor und Nordseite Backstein verwendet wurde, setzte man auf der südlichen ‚Stadtseite' verstärkt Mergel und Tuff als Baustoff ein. Der barocke Hochaltar stammt aus der 1872 niedergebrannten Kirche des Dülkener Kreuzherrenklosters, weitere Barockaltäre aus der alten Dülkener Kirche St. Cornelius. Der Turm der Kirche ist zugänglich.

Sie gehen um die Kirche herum, verlassen die Kircheninsel durch das Tor und sehen rechts das **Pfarrhaus**. Es wurde laut Inschrifttafel 1753 nach einem Brand errichtet und gehörte ehemals der Familie von Gribbenvorst, die ihr wasserumwehrtes, festes Haus der Kirche geschenkt hatte. Zurück auf der ‚Königstraße' wenden Sie sich nach links zurück und biegen hinter der evangelischen Kirche dem Fahrradschild Richtung Kaldenkirchen folgend rechts ab. Nachdem Sie den ‚Westwall' gequert haben, biegen Sie in die nächste Straße ‚Am Bassgarten', rechts ein. Am Ende der Straße folgen Sie der Fahrradbeschilderung Richtung Kaldenkirchen nach links und unterqueren die B 221. Sie biegen dann in den ersten Wirtschaftsweg scharf rechts ein und folgen ihm bis zur Landstraße, die Sie queren und dem Straßenschild ‚Stevensend' folgen. Links des Weges steht eine in der Mitte des 19. Jahrhunderts aus Backstein errichtete kleine **Passionskapelle**. Sie bleiben auf dem Weg und fahren geradeaus durch die kleine Siedlung ‚Stevensend'. An der Weggabelung hinter der Baumschule halten Sie sich, dem Fahrradschild Richtung Kaldenkirchen folgend, links. Bei der Einmündung biegen Sie rechts ab und nehmen am Friedhof die nächste ‚Grenzwaldstraße' links, der Sie bis zur katholischen **Pfarrkirche St. Clemens** folgen. Hier biegen Sie in die Fußgängerzone, die ‚Kehrstraße', links ein.

Die evangelische Kirche in Bracht zeugt von einer über 400-jährigen Geschichte des Protestantismus am Ort

Die Kirche wird zuerst 1272 erwähnt. Zwischen 1628 und 1803 war sie zugleich die Klosterkirche des 1628 gegründeten Birgittenklosters „Maria Frucht", das aus einem Mönchs- und einem Nonnenkloster bestand. Der Vorgänger der jetzigen, 1893 begonnenen und 1897 geweihten, dreischiffigen neugotischen Halle war eine bald nach 1473 errichtete dreischiffige Basilika, von der sich nur der mächtige dreigeschossige Westturm erhalten hat. Im Mauerwerk wechseln sich bei den beiden unteren Geschossen Backstein- und Tuffsteinschichten ab. Nördlich des Chores liegen die 1628 errichteten Gebäude des ehemaligen Frauenklosters, die ursprünglich durch eine Mauer in der Achse des Chores vom Bereich der Patres getrennt wurden. Heute befinden sich in dem um- und neugebauten Trakt Wohnungen und ein Kindergarten. Der zweigeschossige Backsteinbau südlich des Chores, das heutige Pastorat, wurde als Priesterhaus der Birgittenpatres 1663 errichtet. Die Vorder- und Seitenfronten wurden 1844 im neuromanischen Stil verkleidet. Interessante Baudetails sind die aus Ton gefertigten Bauornamente wie Säulen, Kapitelle, die Konsolen des Rundbogenfrieses unter dem Traufgesims und die gusseisernen, durchbrochenen Rankenfüllungen der Eingangstür.

Schräg gegenüber des Westturmes von St. Clemens liegt das evangelische Gemeindehaus, durch dessen Toreinfahrt Sie zu der im Hinterhof

Der Westturm der Pfarrkirche St. Clemens in Kaldenkirchen stammt noch vom spätmittelalterlichen Vorgängerbau

Themen-Tipp: Mauertechnik

Im Mauerverband ist der Läufer ein Backstein, der mit der sichtbaren Langseite in der Mauerflucht vermauert ist. Der Binder ist ein Stein, der in die Mauer „einbindet“, seine Schmalseite weist nach vorn. Die am Niederrhein am häufigsten angewendete Mauertechnik ist die des Wechsels zwischen reinen Binder- und Läuferschichten im so genannten Blockverband, bei dem über der Stoßfuge der Läuferschicht die Mittelachse eines Bindersteines liegt. Eines der am häufigsten eingesetzten, fassadengliedernden Ornamente ist das horizontale Sägeband oder Deutsche Band. Es entsteht, wenn die Binder an der sichtbaren Mauerfläche übereckgestellt werden. Zur Belebung der Mauerfläche können z. B. auch knapp vorspringende Mauerstreifen und Blendbögen sowie Muster aus verschiedenfarbigen Ziegeln eingesetzt werden. Nicht nur Giebelschmuck, sondern Maßnahme zur besseren Statik sind die so genannten „Holländischen Dreiecke“, die häufig zu sehen sind. Die schräggestellten Steinlagen der Dreiecke leiten den auf die Giebelkanten treffenden Druck auf den horizontalen Mauerverband ab.

liegenden und von der ‚Kehrstraße' aus kaum sichtbaren **evangelischen Kirche** gelangen.

Die in einem Hinterhof liegende evangelische Pfarrkirche wurde, einen 1670 niedergebrannten Vorgängerbau ersetzend, 1672 errichtet. Eine reformierte Gemeinde existierte in Kaldenkirchen schon 1572. Der einfache, aus Backstein errichtete Saalbau weist einen geschweiften Giebel und ein in Haustein gefasstes Mittelportal mit bekrönender Inschriftkartusche auf. Der kleine, die Häuser überragende Glockenturm wurde erst 1839 auf das Dach gesetzt.

Aus der Toreinfahrt kommend biegen Sie in die vor der Westfassade von St. Clemens entlangführende ‚Kehrstraße' links ein, queren am Ende der Fußgängerzone die ‚Venloerstraße' und fahren geradeaus in die Einbahnstraße, die ‚Steyler Straße', auf der Sie an der Einmündung ‚Juiser Feld' weiter geradeaus Richtung Grenze radeln. Sie passieren das ehemalige Zollamt Heidenend und befinden sich auf niederländischem Gebiet. Die ‚Steyler Straße' wird auf niederländischer Seite zum ‚Kaldenkerkerweg', dem Sie weiter bergab Richtung Tegelen folgen. In Tegelen queren Sie die Schnellstraße und biegen nach links in den ‚Sporenkampweg', der ein Stück parallel zu dieser Schnellstraße verläuft. Sie nehmen die nächste nach rechts abzweigende Straße, die ‚Sint Aloysiusstraat', und biegen dann links in die ‚Nachtegaalstraat' ein, die in die ‚Kasteellaan' übergeht und folgen der Ausschilderung zur ‚Tiendschuur'. Bald schon sehen Sie die zu **Kasteel Holtmühle** gehörende Zehntscheune oder Tiendschuur auf der linken Seite liegen. Sie betreten das Gelände über die Brücke über den äußeren Graben und das Venloer Tor.

Das bis 1815 zum jülichschen Amt Brüggen gehörende Haus „Tygele" wird 1311 erstmals erwähnt. Selten hat sich wie hier ein Ensemble aus Herrenhaus, zwei Torhäusern, Zehntscheune und (stark restaurierter) Remise erhalten. Der große Scheunenbau aus Backstein unter einem Mansardwalmdach, dessen hintere Gebäudeecken mit Ecktürmen bewehrt sind, wurde Anfang des 18. Jahrhunderts wohl zeitgleich mit den Torhäusern errichtet. Im 19. Jahrhundert diente sie zeitweise als Sprudelfabrik und beherbergt heute ein Keramikmuseum. Das im 17. Jahrhundert errichtete Herrenhaus ist ein dreigeschossiger Backsteinbau mit neun Fensterachsen unter einem steilen Walmdach und zwei schlanken Ecktürmen. Ein eigener Wassergraben umgibt das heute als Hotel genutzte feste Haus. Gegenüber befindet sich das Kaldenkirchener Torhaus, das wie das Zugangstor gestaltet ist.

Sie verlassen das Gelände wieder durch das Torhaus und biegen links in die ‚Kasteellaan' ein und folgen ihr bis zur Eisenbahnunterführung. Hier fahren Sie rechts auf den ‚Middeltweg', von dem Sie rechts in den ‚Neeringerweg' abbiegen. Die nach links abzweigende ‚Terracottalaan' bringt Sie zum ‚Roermondseweg', den Sie queren und geradeaus in die ‚Sint Rochusstraat' fahren. Hinter der Kirche biegen Sie links in die ‚Rozenstraat', folgen der Beschilderung zur Fähre und sehen bald das **Klosterdorf Steyl** vor sich liegen.

Das direkt an der Maas gelegene Dorf Steyl umfasste um 1850 nur einige Bauernhöfe und Kaufmannshäuser. Das änderte sich, als der in Goch geborene und 2003 heilig gesprochene Priester Arnold Janssen 1875 wegen des Kulturkampfes in Deutschland hier in Steyl die katholische „Gesellschaft des Göttlichen Wortes" (Steyler Missionare) gründete. Es folgten

Im Mittelalter waren die Herren de Berckt Lehensleute der Grafen von Kessel

1889 die Gründungen der Ordensgemeinschaften der Dienerinnen des Heiligen Geistes und 1896 der Dienerinnen des Heiligen Geistes von der Ewigen Anbetung. Steyl entwickelte sich in kurzer Zeit stürmisch zu einem regelrechten Klosterdorf. Heute gefährden der fehlende Nachwuchs und der daraus resultierende Leerstand den Baubestand der einzigartigen Anlage.

Am Maasufer warten Sie auf die Autofähre, die Sie übersetzen wird. Am anderen Ufer angekommen folgen Sie dem Rechtsbogen der Straße und biegen der Beschilderung folgend zum **Kasteel de Berckt** nach rechts ab.

Als Besitzer des von einem ausgedehnten Grabensystem umgebenen festen Hauses wird 1219 ein Godefridus van Eyell erwähnt, der Lehnsmann der Grafen von Kessel war (s. S. 79). Für 1279 ist ein Godefridus Berk belegt, der der erste von den geldrischen Grafen eingesetzte Burgverwalter der Burg Kessel war. Der zweigeschossige unterkellerte Torbau wurde laut Allianzwappen über dem Eingangsportal 1707 durch den belgischen Grafen Willem II d'Olne errichtet. Um 1830 wurde das alte feste Haus abgerissen und durch einen Neubau ersetzt. Nachdem der letzte adelige Besitzer de Berckt verlassen hatte, folgten im 20. Jahrhundert Karmeliterinnen, Franziskaner und ab 1931 die Patres vom Allerheiligsten Sakrament. 1995 wurde aus dem Kastell ein privates Ferien- und Konferenzhotel, die Patres bewohnen nur noch den Torbau. Der Bau ist nur von außen zu besichtigen.

Sie biegen in den dem Torhaus gegenüberliegenden Weg ‚De Berckt' ein. Ab hier können Sie den Hinweisschildern zum VVV (Fremdenver-

Das nach seiner letzten adeligen Besitzerfamilie Kastell d'Erp genannte Haus Baarlo gehörte ursprünglich den Grafen von Kessel

kehrsverein) folgen, der am Markt von Baarlo liegt. Vom Markt 🍴 aus können Sie schon die zum Haus Erp gehörige **Wassermühle**, die urkundlich erstmals 1236 erwähnt wurde, sehen. Die jetzige kleine Getreidemühle aus Backstein mit unterschlächtigem Wasserrad wurde im 18. Jahrhundert errichtet und war bis in die frühen 1960er Jahre in Betrieb. Jeden Samstag von 10-11 Uhr kann man noch heute beim Mahlen zusehen. Bei der Mühle befindet sich über einer Quelle mit Überlauf zu der Kwistbeek ein 1870 überbauter **Waschplatz**.

Der ursprünglich Haus Baarlo oder Kastell de Borcht genannte Bau trägt heute den Namen der letzten adeligen Besitzerfamilie d'Erp. Schon für 1219 sind ein „huis te Baarlo" und eine „curtis de Baarlo" belegt, die sich im Besitz der Grafen von Kessel befanden. Das jetzige, von einem Graben umgebene feste Haus wurde im 17. Jahrhundert unter Verwendung von Fundamenten aus dem 14. Jahrhundert neu errichtet. Die dreiflügelige, unterkellerte Anlage wurde um einen Binnenhof errichtet, dessen vierte Seite ein kleinerer Torturm mit niedrigen Seitenflügeln bildet. Als markantester Bauteil hebt sich der große Torturm auch durch die Verwendung von Mergelsteinen ab. Das Haus ist nur von außen zu besichtigen. Auf der großen Wiese, im Bereich der bis 1850 bestehenden Vorburg, befindet sich ein Spielplatz und hinter dem Haus ein kleines Wildgehege.

Sie kehren auf die ‚Baron van Erplaan' zurück, in die Sie links einbiegen. An der Kreuzung fahren Sie rechts in die ‚Kasteellaan' hinein. An der Gabelung halten Sie sich links und fahren in den ‚Hummerenweg'. Bei der nächsten Gelegenheit biegen Sie links in ‚De Roffart' ab und erreichen das von einem Obstgarten umgebene **Haus Roffaert**.

Die erste Erwähnung des im frühen 17. Jahrhundert auf den Fundamenten eines aus dem 13. Jahrhundert stammenden Vorgängers errichteten Hauses, das ursprünglich zum nahe gelegenen Haus Oijen gehörte, stammt aus dem Jahr 1364. In der Urkunde wird ein Floirken van Kessel, genannt Roffaert, als Schildknappe erwähnt. Das zweigeschossige, aus Backstein errichtete Herrenhaus und das Torhaus von 1629 bilden mit Wirtschaftsgebäuden aus dem 19. Jahrhundert eine geschlossene, ursprünglich durch einen Wassergraben geschützte Hofanlage. Das Haus ist nicht zugänglich.

Sie biegen nach rechts wieder in ‚De Roffart' ein und an der Einmündung mit Linde und Wegekreuz rechts ab. Nun fahren Sie auf dem ‚Ondersteweg' immer entlang der Maas Richtung Kessel. Bald sehen Sie rechts das weit von der Straße zurückgesetzte **Haus Oijen**.

Ein Hof zu Oijen wurde schon 1219 in einer Urkunde als Besitz der Grafen von Kessel erwähnt. Das jetzige, in der Mitte des 16. Jahrhunderts errichtete Gebäude orientierte sich ursprünglich mit dem Haupt-

An Haus Oijen kann man die typisch maasländischen „Speckstreifen“, den Wechsel von Back- und Werkstein gut sehen

eingang nach Südwesten und war bis 1950 wasserumwehrt. Der auf nahezu quadratischem Grundriss errichtete Bau fällt durch die einander abwechselnden Backstein- und Mergelstreifen („Speckstreifen“) und das Schilddach auf. Das Haus ist Privatbesitz und wird als Bauernhof genutzt.

In Kessel angekommen biegen Sie links in den ‚Baarloseweg' ein und erreichen bald den gegenüber der Burg liegenden und ursprünglich ungeteilten großen **Marktplatz**. Viele der Häuser am Markt waren, wie die großen Toreinfahrten erkennen lassen, ehemals Bauernhöfe.

Die hoch über der Maas auf einem künstlich aufgeschütteten Hügel gelegene Burg Kessel war der Stammsitz der Grafen von Kessel, einem seit dem Ende des 11. Jahrhunderts bezeugten Geschlecht. Die Grafen von Kessel besaßen neben ihrem Stammland u.a. auch Teile des späteren Amtes Brüggen, waren Inhaber zahlreicher Vogteirechte und gehörten bis in die 1260er Jahre mit den Grafen von Jülich-Berg, Geldern und Kleve zu den wichtigen Geschlechtern am Niederrhein. Eine erste, um 1100 errichtete Burganlage bestand aus einem großen, von einer ringförmigen Mauer umgebenen Wohnturm. Der später bis auf das Kellergeschoss abgetragene Turm steckt in dem jetzigen, weiter erhöhten Burghügel. Um 1150 erbaute man die ovale Ringmauer mit den beiden landeinwärts turmartig vorspringenden Bauten. Der Innenraum wurde danach fast vollständig bebaut. Die Grafschaft Kessel wurde vor 1300 unter Jülich und Geldern aufgeteilt, die Burg wurde 1279 eine geldrische Landesburg, die als Lehen ausgegeben wurde. 1944 haben deutsche Soldaten die Burganlage durch Sprengung verwüstet.

Hinter der Burg liegt die katholische **Pfarrkirche St. Maria Geburt**. *Die 1872 errichtete große Backsteinkirche hatte zwei Vorgängerbauten. Die Fundamente eines für den Beginn des 12. Jahrhunderts belegten steinernen Baus wurden Mitte des 19. Jahrhunderts entdeckt. Die zweite, spätgotische Kirche wurde 1460 aus Mergelsteinen errichtet und bildete mit der Burg ein ausgeglichenes Ensemble. Bei ihrem Abriss wurde unter dem Hochaltar ein wiederverwendeter römischer Reliefstein gefunden. Die Sprengung des Turmes durch deutsche Soldaten beschädigte die Kirche stark.*

Vom Kirchenvorplatz biegen Sie links in die ‚Dorpstraat' ein, die in den ‚Veersepad' übergeht, auf dem Sie bis zur Anlegestelle der Fähre bleiben. Auf der anderen Maasseite angekommen, biegen Sie links in den ‚Kesselseweg' ein, nehmen dann aber den geradeaus führenden Radweg längs der Maas, den unbefestigten ‚Oude Veerweg' nach Reuver. An der Weggabelung im Waldstück halten Sie sich geradeaus und kommen in den ‚Berkenweg', der in den ‚Kapellenweg' übergeht, an dessen Ende Sie links in die ‚Parklaan' einbiegen. Am Ende des Friedhofgeländes biegen Sie nach rechts in ‚Den Roover', queren die breite Hauptverkehrsstraße und biegen in den schräg gegenüber einmündenden ‚Keulseweg' ein. Sie bleiben auf diesem Weg und fahren rechts über die Bahngleise. Auf der Höhe des modernen Kirchenbaus ist der ehemalige Grenzübergang „De Witte Steen" schon ausgeschildert, der auch Einkehrmöglichkeiten bietet.

Im Grenzwald zwischen Brüggen und Bracht lag bis zu seiner Aufgabe 1996 ein britisches Munitionsdepot mit einer Fläche von 1200 ha.

Die maasseitigen Befestigungsmauern der Keverburg lassen sie geradezu uneinnehmbar erscheinen

Schon die Wehrmacht hatte 1942-44 in einem Teil des Geländes ein Benzindepot angelegt. Nach der Beschlagnahme 1948 richteten die Briten dort ein Depot ein, in dem in über 180 Hallen und z. T. auch im Freien Munition lagerte. Brand- und Sichtschutzstreifen sowie Splitterwälle wurden angelegt und die Heide- und Sandmagerrasenflächen regelmäßig kurzgehalten. Erschlossen wurde das Gebiet durch ein Eisenbahnnetz und ein asphaltiertes Wegenetz von ca. 88 km Länge. Die Abholzungsflächen der Nachkriegszeit wurden ab 1950 mit Kiefernmonokulturen aufgeforstet. Im Laufe der Zeit hat sich hier durch die extensive Nutzung der vorwiegend sandigen Böden eine vielfältige und schützenswerte Flora und Fauna entwickelt. Seit 1999 sind Teile des neu eingerichteten Naturschutzgebietes auf festgelegten Routen für Fußgänger und Radfahrer zugänglich.

Am Waldrand folgen Sie dem Holzschild Richtung Brüggen und erreichen die Umzäunung des Schutzgebietes. Sie passieren das Gatter und fahren geradeaus weiter Richtung Brüggen, den weißen Markierungen auf den Holzpflöcken folgend. Nach Verlassen des Depots fahren Sie an der Weggabelung nicht Richtung ‚Holterheide'/‚St. Barbara Straße', sondern geradeaus in den unbefestigten Weg und queren die Umgehungsstraße, die ‚Swalmener Straße'. Sie bleiben auf dem Weg, queren die nächste Kreuzung und sind auf dem ‚Elsterweg', dem Sie bis zur ‚Roermonder Straße' folgen, in die Sie links einbiegen. In den ‚Westring' biegen Sie nach rechts ein und fahren an der Uhr links in die ‚Bruchstraße', die Sie auf die ‚Klosterstraße' und zurück zur Brüggener Burg bringt.

Blick über die niederrheinischen Felder im Vorfrühling

Tour 10
Kasteel de Berckt
Klosterdorf Steyl
Baarlo
Tegelen
Kasteel d' Erp
Kasteel Holtmühle
Kaldenkirchen
St. Clemens
Hinsbeck
De Wittsee
Haus Oijen
N271
N273
Belfeld
Kreuzmönchdorf
N e t t e t a l
Lobberich
B509
K3
A61
L387
B7
B221
Kessel
Maas
Keverburg
St. Maria Geburt
Reuver
Niederlande
B r a c h t e r
Breyell
Bracht
St. Maria Himmelfahrt
Evang. Kirche Bracht
Schaag
„De Witte Steen"
Kastell Schleveringhoven
Ehemaliges Munitionsdepot
Boisheim
W a l d
L373
L3
N271
K20
Brüggen
Start
B221
Burg Brüggen
Swalmen
0
1 km

Das frühere Amt Oedt im Kurfürstentum Köln

Das kleine, nur 18 km lange und 1,5 km breite kurkölnische Amt Oedt wurde im Westen von der Niers und im Osten – zum Amt Kempen hin – von Schleck, Schüp und Fleuth umgrenzt. Der Ortsname Oedt erscheint zuerst 1170 in der Form „Hude" („Anlegeplatz" oder „Fährstelle"). An seiner nördlichen Spitze traf es bei der Neersdommer Mühle (s. S. 19) mit dem ebenfalls kurkölnischen Amt Kempen (s. S. 13) und dem geldrischen Amt Krickenbeck (s. S. 49) zusammen. Die Grenzlage am nördlichen Zipfel des Erzbistums hatte das Amt Oedt mit dem Kempener Amt gemeinsam. Das spindelförmige Amt umfasste von Nord nach Süd die vier Siedlungsschwerpunkte Niederfeld, Auffeld, Hagen und Clörath/östliches Unterbruch, die von einer Fernverkehrsstraße, die als Hochstraße bzw. Hohe Straße heute noch durch die Ortskerne von Oedt und Mühlhausen führt, durchzogen wurden.
Der Kölner Erzbischof schenkte wohl schon Ende des 10. Jahrhunderts seine Besitzungen mit Herrenhof und Kirche in Oedt der Gladbacher Benediktiner Abtei. Das Dorf Oedt entwickelte sich ausgehend von der Keimzelle dieses kölnischen Herrenhofes. Da die geistlichen Herren die Blutgerichtsbarkeit nicht selber ausüben durften, mussten sie Adelige als so genannte Vögte einsetzen, die in ihrem Auftrag für Recht, Ordnung und die Vollstreckung der an Leib und Leben gehenden Urteile zu sorgen hatten. Als Gegenleistung trat ihnen der Grundherr Ländereien und Einkünfte ab. Die Vögte nutzten das zu Lehen ausgegebene Vogteiamt zum Aufbau eines eigenen Herrschaftbezirkes. Zu Beginn des 14. Jahrhunderts hatten die aus einer Nebenlinie des klevischen Grafenhauses stammenden Dietrich Luf II. und III. die Vogtei über Kempen und Oedt inne und bauten in Oedt eine eigene Herrschaft auf, deren sichtbares Zeichen 1311 der Bau der Burg Uda in der Niersniederung war. Nach dem Tod des söhnelos verstorbenen Dietrich Luf III. kamen Kempener und Oedter Vogtei und Herrlichkeit Oedt 1349 wieder in den Besitz des Kölner Erzbischofes. Dies war die Geburtsstunde des kurkölnischen Amtes Oedt, das von den Kurfürsten in die eigene Landesverwaltung einbezogen wurde. Der in Oedt eingesetzte Amtmann übernahm die Vogteirechte der Lufs von Kleve, die Hochgerichtsbarkeit lag nun offiziell wieder in den Händen des Erzbischofes. Der Amtmann als Repräsentant des Erzbischofs fungierte als Schirm- und Schutzherr bei Gericht. Die Funktion des Richters in der niederen Gerichtsbarkeit übernahm der von der Abtei Gladbach eingesetzte Schultheiß. Viel stärker als z. B. im Amt Kempen wurden in Oedt damit grundherrschaftliche Rechte, die bei der Gladbacher Abtei verblieben, und landesherrliche Rechte – wie Steuern, Hochgerichtsbarkeit – getrennt.

Von der Burg Uda ist nur noch dieser runde Wohnturm erhalten

Tour 11: Entlang der Niers im Oedter Land

Anfahrt: Sie erreichen Oedt über die A 40 Richtung Niederlande. Von der Abfahrt Kempen aus fahren Sie Richtung Kempen. Dem Außenring (L 361/362, B 509) folgen Sie bis zum Abzweig Oedt. Über die L 361 fahren Sie nach Oedt, wo Sie links in die ‚Hochstraße' biegen, an der Ampel fahren Sie rechts in die ‚Mühlengasse' und parken an der Albert-Mooren-Halle. Von Süden kommend fahren Sie von der A 61 an der Abfahrt Süchteln ab und folgen dem Schild Viersen-Süchteln. In Süchteln folgen Sie der Angabe ‚Alle Ziele' auf den ‚Westring'. Sie bleiben auf dieser Straße, queren die Niers und fahren an der Ampel Richtung Oedt nach links. Im Ort biegen Sie an der Ampel links in die ‚Mühlengasse' ein und parken an der Albert-Mooren-Halle. Mit dem Rad wenden Sie sich zurück auf die ‚Mühlengasse' und nach ca. 30 m links in den Weg ‚Zur Burg Uda'.

Bahnreisende fahren auf der gegenüber dem Bahnhof Kempen/Ndrh. einmündenden ‚Thomasstraße' bis zum ‚Ring' und biegen dort rechts ab. Sie befahren den ‚Ring' bis zum ‚Peschweg', in den Sie rechts einbiegen. An der ‚Birkenallee' biegen Sie links ab und folgen dieser in die ‚Oedter Straße' übergehenden Straße, den Außenring (B 509) überquerend, bis nach Oedt. In Oedt biegen Sie links in die ‚Hochstraße', an der Ampel rechts in die ‚Mühlengasse' und dann links in den Weg ‚Zur Burg Uda'. (Kempen-Oedt ca. 7 km.)

Das Wasserrad der Clörather Mühle ist in den Baukörper integriert

Tourenlänge ab Oedt : ca. 30 km

Schwierigkeitsgrad: leicht, ebenes Gelände, vorwiegend asphaltierte Wirtschaftswege

Ihre Tour beginnt an der ehemaligen Landesburg Uda. Sie war einst Verwaltungssitz des kurkölnischen Amtes Oedt.

Die an strategisch günstiger Stelle an einem Niersübergang an der Grenze zu Kleve und Jülich ab 1308 durch Dietrich Luf III. von Kleve errichtete Burg wird 1313 erstmals als „castrum" erwähnt. Sie wurde 1643 durch hessische Soldaten gesprengt. 1757, während des Siebenjährigen Krieges, wurde die Ruine weiter abgetragen. So ist von der ehemals fast quadratischen Anlage mit zwei großen Rundtürmen und zwei kleineren viereckigen Türmen, die sich jeweils diagonal gegenüberstanden, nur noch der fast 23 m hohe südliche Rundturm erhalten, der als Wohnturm diente. Der ursprüngliche Zugang lag auf Höhe des dritten Geschosses auf der Hofseite. Im Geschoss darüber kann man am Außenbau einen Aborterker erkennen. Um den Grundriss der Burg sichtbar zu machen, wurden die Fundamente z. T. wieder aufgemauert.

Im Rahmen der EUROGA 2002 wurde der Niersverlauf auf Höhe der Burg rekonstruiert und der Burginnenhof mit einer Pflasterung versehen. Vor der Burg befindet sich ein Plan mit der Wiedergabe einer Ansicht der Gesamtanlage. Die Mühle wurde schon 1273 urkundlich erwähnt. An ihrer Stelle Ecke ‚Mühlengasse'/‚Zur Burg Uda' steht das jetzt zum Wohnhaus umgebaute Mühlengebäude des 19. Jahrhunderts.

Sie bleiben auf dem Weg ‚Zur Burg Uda' und fahren, bis sich der Sandweg gabelt. Hier halten Sie sich links und an der nächsten Abzweigung wieder rechts. Nachdem Sie bei der nächsten Kreuzung links auf die Asphaltstraße kommen, erreichen Sie die ‚Niederstraße'. Jetzt fahren Sie rechts bis zum ‚Auffeldweg'. Der Hof, in dem sich jetzt das „Auffelder Bauerncafé" befindet, ist ein in den 1930er Jahren errichteter **Aussiedlerhof**, der den Typus des niederdeutschen Wohnstallhauses nachahmt. Zum **Dückerhaus** biegen Sie hinter dem Bauerncafé nach rechts ab.

Das ehemals wasserumwehrte Dückerhaus war ein adeliger Eigenbesitz. Als „duyckers hoff" ist es erstmals für 1515 belegt. Zum Hof gehörte ein Berfes (s. S. 41 ff.) und eine Wassermühle an der Niers, die spätere Holtzmühle. Der jetzige zweigeschossige, hell geschlämmte Backsteinbau über hohem Keller mit Krüppelwalmdach und zwei einander gegenüberliegenden quadratischen Ecktürmen mit Haubendä-

Die diagonal gegenübergesetzten Ecktürme und das hohe Krüppelwalmdach bestimmen den repräsentativen Charakter des Dückerhauses

chern wurde um die Mitte des 17. Jahrhunderts errichtet (vgl. Haus Neersdonk (S. 26) und Haus Stockum (S. 135)). Einziger Bauschmuck sind die Fenster- und Türumgrenzungen aus Sandstein sowie die geschosstrennenden Gesimse.

Sie bleiben auf dem Zufahrtsweg zum Dückerhaus, biegen am nächsten Weg links ab und folgen dem Fahrradschild Richtung Anrath/Süchteln bis zur L 391, der Sie nach rechts folgen. Bei der nächsten Gelegenheit biegen Sie links in den Radweg ein, auf dem Sie ca. 300 m radeln, um dann in die nächste Straße rechts, den ‚Vinnweg', einzubiegen. Linker Hand liegt zurückgesetzt vom Weg, hinter der Nr. 19, der **Heimershof**. Um einen Blick auf den Hof zu werfen, dürfen Sie den kleinen Stichweg bis zur Eiche betreten.

Der einst von einem wassergefüllten Graben umgebene Heimershof ist ein niederrheinisches Hallenhaus (Wohn-/Stallhaus). Der so genannte Vierständerbau mit herabgezogenem Krüppelwalmdach wurde in der zweiten Hälfte des 17. Jahrhunderts errichtet. Die Hofstelle selber ist aber sicher älter. Die Lehmausfachung des Fachwerks wurde schon im 18. Jahrhundert durch Backstein ersetzt, die massive Backsteinwand wurde dem Stallgiebel 1758 vorgebaut. Im Inneren ist das Haus dreischiffig und war im Mittelschiff ursprünglich dreifach quergeteilt in den Stallteil, die Wohnküche und eine große Kammer, die beide von einem aufgemauerten Doppelkamin aus beheizt wurden. Nur die an die große Kammer angrenzende so genannte Opkamer an der nordöstlichen Ecke des Hauses hat einen halbeingetieften Keller. Das zweigeschossige Holzinnengerüst des Hauses besteht aus sechs Gebinden mit durchgezapften Bundbalken.(s. S. 136).

Sie kehren auf den ‚Vinnweg' zurück, halten sich links, überqueren die ‚Tönisvorster Straße' und sind auf dem ‚Vennbruch'. Links der Straße liegt nach ca. 900 m der **Kirschhof** (Nr. 35).

Der ehemals wasserumwehrte Kirschhof gehört wie der Heimershof zum Typus des niederrheinischen Hallenhauses. Er wurde laut der sehr verwitterten Inschrift auf

Der versteckt liegende Heimershof repräsentiert den alten Bauernhaustyp des Wohn-/Stallhauses, das am Niederrhein weit verbreitet war

Im malerischen Kirschhof klapperten Ende des 19. Jahrhunderts Webstühle

dem Querbalken über der Einfahrt zur ehemaligen Futterdeele 1638 errichtet und gehört somit zusammen mit dem 1636 errichteten Flöthhof zu den wenigen Höfen im Viersener Kreisgebiet, die das verheerende Kriegsjahr 1642 im Dreißigjährigen Krieg überstanden haben. Das zweigeschossige Holzinnengerüst besteht aus sieben Gebinden mit durchgezapften Bundbalken. Am Außenbau hat sich die Fachwerkbauweise nur am von der Straße einsehbaren Stallgiebel erhalten, der mit seinen vier Ständern die Dreischiffigkeit des Hauses anzeigt. Das Tor in der Mitte führte in die Futterdeele, die breite Tür auf der rechten Seite, der so genannten Abseite, zum Kuhstall, die schmalere in der linken Abseite in den Pferdestall.

Am Ende der Straße ‚Vennbruch' biegen Sie nach links in die K 17/‚Anrather Straße' ein und folgen ihr bis zum Abzweig ‚Clörather Mühle'. Die **Mühle** ist nach der Linkskurve das erste Gebäude auf der rechten Seite.

Die Clörather Mühle und ihre Nebengebäude sind die Reste des adeligen Eigenbesitzes Clörath. Der befestigte Bau war wie die Burgen in Oedt und Neersen eine Grenzanlage Kurkölns. Er lag bis zur Begradigung des Flusses ab 1929 auf einer von zwei Niersarmen umflossenen Insel an einem wichtigen Übergang über die Niers, die hier die Grenze zu Geldern und Jülich bildete. Die ersten, für das 14. Jahrhundert urkundlich belegten Besitzer waren die Herren von Cloerland (der Cloerbach mündete hier in die Niers), Bodenfunde belegen aber eine Siedlungskontinuität des Platzes bis in das 10./11. Jahrhundert. Von dem südwestlich der Mühle gelegenen festen Haus existiert nur noch ein geringer Überrest. Von den beiden zugehörigen Mühlen hat sich nur die 1386 belegte Kornmühle erhalten. Der jetzige, das Wasserrad integrierende Mühlenbau wurde um 1800 errichtet, die Innenausstattung ist erhalten. Rechts von der Zugangsbrücke ist noch ein Rest des Mühlteiches zu sehen.

Die Mühle im Rücken wenden Sie sich nach rechts. In der Wiese zur Rechten deuten kleine, im Rahmen der EUROGA 2002 angelegte

Wasserflächen den alten Niersverlauf an. An der nächsten Weggabelung biegen Sie rechts ab und folgen den Radschildern Richtung Grefrath/Viersen. Kurz vor der begradigten Niers queren Sie die Bahnlinie, fahren in den ‚Grenzweg' und folgen ihm bis zum links abbiegenden ‚Reihenweg'. Am Ende dieses Weges biegen Sie für einen Abstecher (ca. 400 m) zur **Quirinuskapelle** nach links in die K 17 ein.

Die kleine Kapelle, ein stark restaurierter, rechteckiger Fachwerkbau mit Satteldach, wurde 1610 an einem sehr alten Wallfahrtsweg errichtet und ist die älteste Feldkapelle der Pfarre Anrath. An der Eingangstür findet sich die folgende Inschrift: „Deis Husken hat Peter kappert Trein sein Haußfrv Peter Schager Treingen sein Haußfrv auff laßen Bauen Ao 1610". Noch 1985 wurde die Kapelle von einer mächtigen Blutbuche beschirmt. Die im Inneren aufgestellten Skulpturen sind bis auf eine Gipsfigur der hl. Brigida entfernt worden. Durch eine Straßenverlegung ist die Kapelle wahrlich ins Abseits geraten.

Sie wenden und folgen der K 17 bis zum ‚Schaadweg', in den Sie rechts einbiegen. Vor der Gaststätte fahren Sie rechts in die Straße ‚Stockum' hinein. Um einen Blick auf das Haus Stockum werfen zu können, nehmen Sie den kleinen Feldweg, der rechts abbiegt. Privatgelände!

(Wenn Sie die längere Tour 12 fahren möchten, dann folgen Sie nun der Tourenbeschreibung auf S. 141)

Haus Stockum wird erstmals 1418 unter dem Namen Klüppelrade (Rodung der Klüppelsleute, die mit dem Knüppel Wachtdienst leisten) erwähnt. Das ursprünglich von einem doppelten Grabensystem umgebene Haus wurde 1618 bis 1621 errichtet. Der zweigeschossige Backsteinbau über einem hohen, gewölbten Kellergeschoss besitzt wie Haus Neersdonk (s. S. 26) und das Dückerhaus (s. S. 132) zwei diagonal gestellte quadratische Ecktürme mit Haubenaufsätzen. Die Schmalseiten zeigen aufwändige und für die Zeit typische getreppte Schweifgiebel, auf deren Stufen einst steinerne Kugeln mit Wetterfähnchen ruhten. Der ursprünglich auf Eschen- und Eichenholzpfählen gegründete Bau wird heute von einer Stahlbetonkonstruktion unterfangen.

Wie das Dückerhaus besitzt auch Haus Stockum zwei Diagonaltürme und einen auffällig hohen Dachstuhl

Themen-Tipp: Fachwerkbau

Die Tour führt zu drei Niederrheinischen Wohn-/Stall- bzw. Hallenhäusern, die ursprünglich Fachwerkbauten mit Lehmausfachung und Strohdeckung waren. Der Begriff „Vierständerhaus“ bezieht sich auf die Giebelseiten mit vier senkrechten Stützen, den Ständern, die das Innere im Stallteil in drei sich in die Tiefe erstreckende Raumeinheiten gliedern. Hinter dem niedrigen Eingangstor liegt die Futterdeele, rechts und links davon befinden sich die Eingänge zu den Stallräumen. Die Grundeinheit, „Gebinde“, besteht aus zwei Ständern, die durch einen oder zwei waagrechte Binder- oder Bundbalken verbunden sind. Diese Gebinde stehen auf Schwellen, die auf einer Lage Steine ruhen. Oben sind die Ständerköpfe durch Rähmbalken miteinander verbunden, auf denen der Dachstuhl ruht. Weitere Stabilität geben waagrechte Riegel, kurze Kopf- und Fußbänder als Winkelverstrebungen und schräg eingesetzte, mehrere Gefache übergreifende Streben. In die Gefache sind Rutengeflechte eingelassen, die mit einer Mischung aus Lehm und Heuhexel bestrichen werden und dann einen Kalkputz erhalten.

Sie wenden das Rad und fahren die Zufahrtsstraße ‚Stockum' zurück zur ‚Viersener Straße' und biegen nach rechts ab. Sie nehmen die erste Querstraße links ‚Am Malbauer', an deren Ende Sie die K 17 queren und dann links in die Straße ‚Vennheide' einbiegen, die sich gleich wieder gabelt. Sie halten sich rechts und nehmen den ‚Flöthweg'. Nachdem Sie den Flöthbach überquert haben, sehen Sie auf der rechten Seite den **Flöthhof** (Nr. 35).

Der Flöthhof ist das dritte niederrheinische Hallenhaus auf dieser Tour und laut des gesicherten Erbauungsjahr 1636 das älteste dieses Typus im Viersener Kreisgebiet. Am Außenbau ist nur noch der Stallgiebel in Fachwerk mit Ziegelausfachung erhalten, die übrigen Außenwände sind durch massive Backsteinmauern ersetzt. Wie der Heimers- und der Kirschhof gehört der Flöthhof zum Typ des Vierständerhauses, d.h., er ist im Inneren dreischiffig angelegt. Als Teil der „Großen Kempener Honschaft“ war der Hof an die Burg Kempen abgabepflichtig. Zeitweise hat er als verpachteter Hof zu Haus Clörath gehört.

Sie bleiben auf dem ‚Flöthweg' bis zur ‚Weberstraße', in die Sie links einbiegen. Dann nehmen Sie die erste Straße rechts, den ‚Beudelsdyk,, Sie halten sich geradeaus und nehmen den Fuß- und Fahrradweg, der Sie über den ‚Josefsplatz' zur ‚Viersener Straße' führt, in die Sie rechts einbiegen und so zur **Pfarrkirche St. Johann Baptist** kommen.

Auf die inmitten der ringförmigen Bebauung wie auf einer Insel liegende Kirche führen insgesamt vier Hauptstraßen kreuzförmig zu. Diese besondere Anlage lässt erkennen, dass Anrath ein wichtiger Ziel- und Ausgangspunkt war. Hier an der Stelle der Kircheninsel befand sich wohl der für das 9. Jahrhundert bezeugte Kern der alten Ansiedlung Anrode (auf neugerodetem Land), ein Herrenhof des Kölner Erzbischofs. Auf diesem Hof wurde auch die erste Kirche errichtet. Schon 1010 wird die Anrather Kirche zur selbständigen Pfarre. Von einer im 12. Jahrhundert errichteten und bis um 1500 wiederholt erweiterten und umgebauten Kirche blieben die Turmuntergeschosse bis zum Abbruch Ende des 19. Jahrhunderts bestehen. 1897/98 wurde dann die jetzige dreischiffige Hallenkirche mit polygonalen Chorschlüssen und fünfgeschossigem Westturm in neugotischen Formen nach Plänen von Heinrich Kleesattel errichtet.

Gegenüber des Kirchturmes 🍴 beginnt die ‚Jacob-Krebs-Straße' als Fußgängerzone, der Sie folgen. Vor dem Bahnübergang kommen Sie an den um 1900 aus rotem und gelbem Backstein errichteten Gebäuden der **Vereinigten Seidenwebereien** vorbei. Sie queren die Bahnlinie und befinden sich jetzt auf der ‚Anrather Straße', L 361. Der erste große Hof auf der rechten Seite ist der **Üllertzhof** (Nr. 97).

Der Üllertzhof ist eine schöne, wenig entstellte und als Bauernhof genutzte Hofanlage. Leider ist der von den Kopflinden markierte Graben vor dem Wohnhaus zugeschüttet. Schon im 14. Jahrhundert wird der Hof als Besitz von Johannes then Ulenrode erwähnt. Das Torhaus, unter dem hindurch einst der Graben verlief, ist 1839 von Heinrich Üllertz erbaut worden. Das Wohnhaus wurde in der zweiten Hälfte des 19. Jahrhunderts errichtet. Rückwärtig umschließt der Graben einen großen, gepflegten Bauerngarten mit einer ca. 200-jährigen, burgartigen Eibenlaube.

Sie können den kleinen Feldweg, der vor dem Hof abzweigt nehmen, dem Sie bis zum nächsten Linksabzweig folgen und Sie zurück auf

Fast verwunschen liegt Haus Donk hinter hohen Bäumen verborgen

die Landstraße bringt, in die Sie dann nach rechts einbiegen. Sie bleiben auf dieser Straße bis ‚Zur Villa'/‚Haus Donk', die Sie zu **Haus Donk** führt.

Haus Donk war ein kölnisches Lehen und wurde als festes Haus zur Grenzbefestigung des Amtes Kempen auf einem mit dem Grabenaushub aufgeschütteten Hügel (= Donk) an der Niers errichtet. 1259 wird das Land am Haus erstmals urkundlich erwähnt, um 1310 werden als erste Besitzer Gottfried und Sohn Konrad von der Donk genannt. Die beiden heute noch bestehenden und ältere Fundamente nutzenden Bauten – das feste Haus mit rundem Treppenturm und der Torturm – sind stark restauriert. Der wohl im 16. Jahrhundert über einem hohen, strebepfeilerverstärkten Kellergeschoss errichtete Backsteinbau beherbergt im ersten Geschoss den so genannten Rittersaal. Das Geschoss darüber, Dach, Staffelgiebel und Kegelhut des Turmes sind rekonstruiert. Der fast quadratische, ursprüngliche Torturm, der typisch maasländische Streifen aus Backstein und Sandstein zeigt, ist um 1550 errichtet und zu Beginn des 18. Jahrhunderts zum Wohnturm umgebaut worden. Aus einer Baubeschreibung von 1791 geht hervor, dass Haus Donk zumindest zu jener Zeit eine geschlossene Vierflügelanlage gewesen ist. Im 19. Jahrhundert wurden im Bereich der Vorburg Wohn- und Wirtschaftsgebäude errichtet, die ein zweiter Graben umschließt. Das Ensemble wird durch den zwischen Torturm und Haus gesetzten modernen Wintergarten beeinträchtigt. Das Haus ist Privatbesitz!

Sie wenden das Rad und nehmen den ersten nach links abzweigenden Feldweg, den ‚Donkweg', und fahren dann links in die ‚Bruchstraße' hinein. Am Kreisel biegen Sie in die Straße ‚Am Sportplatz' ein, folgen ihr bis zur ‚Oedter Straße'/L 385. Hier biegen Sie der NRR folgend links ab und radeln ca. 1 km entlang der Landstraße (ohne Fahrradweg!). Vor der Linkskurve biegen Sie rechts in den ‚Mühlendyk' ein, der Linksbiegung folgend kommen Sie nun zum ‚Schlöttgesweg', in den Sie rechts einbiegen. Auf der rechten Seite sehen Sie bald den **Platenhof**.

Die 1882 errichtete geschlossene Backsteinanlage beeindruckt mit ihrer breiten Front aus Torbau mit neugotischem Stufengiebel und giebelständig anschließenden Baukörpern. Der Platenhof wird in einer um 1500 erstellten Liste mit den im Amt Oedt direkt zu zahlenden Steuern auf Grund- und Bodenbesitz mit dem vergleichsweise hohen Betrag von 400 Gulden genannt, nur sehr wenige zahlten gleich viel oder mehr.

Der Weg mündet am Ortseingang Oedt in die L 391, in die Sie nach rechts einbiegen. An der Ampel und dem Hinweisschild zur ‚Albert-Mooren-Halle' biegen Sie links ab, rechts liegt Ihr Ausgangspunkt, der Parkplatz an der Albert-Mooren-Halle.

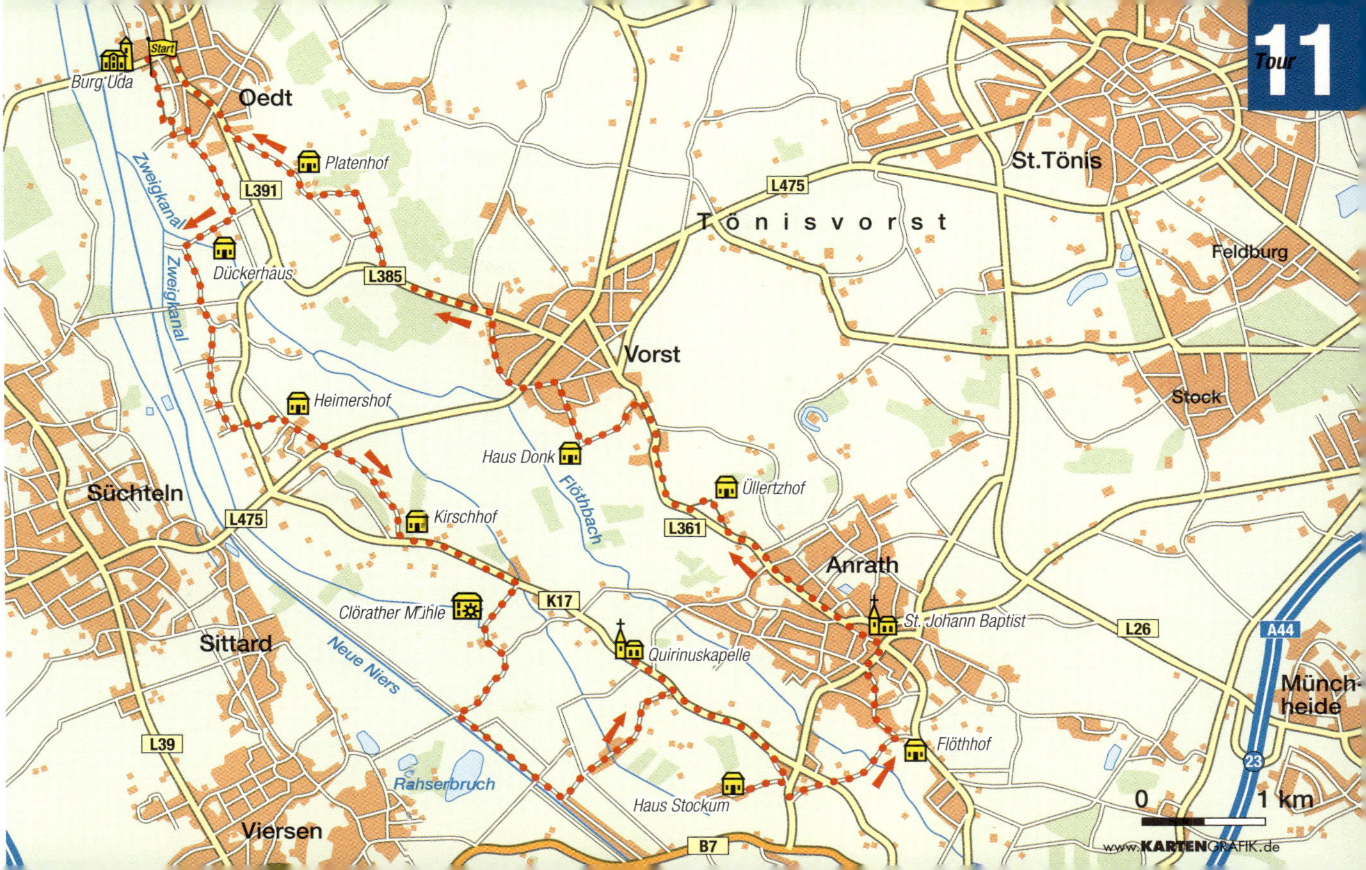
Tour 11
Start
Burg Uda
Oedt
Platenhof
L391
Zweigkanal
Dückerhaus
Zweigkanal
L385
St.Tönis
L475
T ö n i s v o r s t
Feldburg
Vorst
Stock
Heimershof
Haus Donk
Flöthbach
Üllertzhof
Süchteln
L475
Kirschhof
L361
Anrath
Clörather Mühle
K17
St. Johann Baptist
L26
A44
Sittard
Quirinuskapelle
Neue Niers
Münch-
heide
L39
Flöthhof
23
Rahserbruch
Haus Stockum
0
1 km
Viersen
B7
www.KARTENGRAFIK.de

Tour 12: Zu Bauernhöfen und Adelssitzen

12

Die Tour 12 ist als Verlängerungstour zu Tour 11 gedacht. Beide Touren verlaufen über weite Teile parallel. Die vorliegende Tourenbeschreibung für Tour 12 beginnt bei Haus Stockum.
Anfahrt und Tourenbeschreibung bis zum Haus Stockum finden Sie auf den S. 131-135
Tourenlänge: ca. 40 km
Schwierigkeitsgrad: leicht, ebenes Gelände, asphaltierte Wirtschaftswege

Die Tour führt Sie nun von Haus Stockum weiter zum Schloss Neersen. Fahren Sie von Haus Stockum kommend über den Feldweg auf die asphaltierte Straße zurück, wenden sich nach links und nehmen den Feldweg hinter dem Bauernhof rechts. Am Ende des Weges biegen Sie rechts in die Straße ‚Am Bökel' ein. Kurz bevor Sie die B 7 queren, sehen Sie auf der linken Seite eine große Hofanlage mit auffälligem Mansarddach. Es handelt sich um ein **ehemaliges Wirtshaus mit Wohnstallflügeln**, das um 1800 errichtet wurde. Sie queren vorsichtig die B 7 und fahren halblinks in den ‚Hagwinkel', radeln weiter, queren die Stoppstraße und sind ‚Am Bruch'. An der Querstraße ‚Bengdbruchstraße' fahren Sie geradeaus und halten sich am Ende der Spielstraße links. Sie sind auf der ‚Virmondstraße', die Sie direkt zum **Schloss** führt.

Das Schloss Neersen (Rathaus der Stadt Willich) geht wahrscheinlich auf eine Hofanlage zurück, die schon um das Jahr 1000 bestanden hat. 1263 wurde zum ersten Mal ein Vogt „von der Nersin" genannt, der Lehnsmann des Kölner Erzbischofs war. Der im 13./14. Jahrhundert errichtete, von einem Graben umgebene Sitz an der Niers bestand aus einem zweiflügeligen Wohntrakt, einem älteren Torturm, einem Bergfried, einer Wehrmauer und einer Vorburg. Seit Beginn des 16. Jahrhunderts gehörte Neersen zur Reichsgrafschaft Virmond. Adrian Wilhelm von Virmond schließlich veranlasste 1661 bis 1669 den Bau der jetzigen Schlossanlage, in deren Ost- und Südflügel der Vorgängerbau aufgegangen ist. Die zweigeschossige, in Backstein ausgeführte U-förmige Anlage erhebt sich auf einem sehr hohen Kellersockel und ist mit vier Ecktürmen bewehrt. Hauptzugang bildet über eine große Treppe ein Renaissanceportal mit Gebälkaufsatz. Bekrönt wird die Front von einem dreieckigen Giebel mit dem farbig gefassten Virmond-Bentheimschen Allianzwappen. Nach dem Tode des letzten Virmond 1744 wurden Herrschaft und Vogtei vom Kölner Kurfürsten als Landes- und Lehensherr eingezogen und 1766 ein kurkölnischer Amtmann Burgherr. 1859, als

Das Schloss Neersen ist das repräsentativste Rathaus in der Region

eine Wattefabrik im Schloss untergebracht war, brannte es bis auf die Umfassungsmauern aus. Ab 1896 erfolgte der Wiederaufbau von Ost- und Südflügel. Erst nachdem das Schloss 1971 in den Besitz der Stadt Willich gekommen war, wurde auch der Westflügel wieder aufgebaut. Die aus dem späten 15. Jahrhundert stammende zweiflügelige Vorburg mit Torhaus und Eckturm aus Backstein wurde 1885 restauriert und um einen dritten Flügel erweitert. In den am Ende des 19. Jahrhunderts als englischer Landschaftsgarten angelegten Park kommen Sie, wenn Sie sich vor der Schlossfront links halten.

Sie verlassen das Schlossgelände, queren am Parkplatz den ‚Rothweg' und biegen nach rechts in die ‚Hauptstraße' ein. Bald öffnet sich auf der rechten Seite der ‚Minoritenplatz', der an das 1658 gestiftete Franziskanerkloster erinnern soll. 1960 wurde das Kloster vollständig und die zugehörige, 1652 gestiftete **Marienkirche** bis auf den Chor, der sich als Nebenraum des kirchlichen Zweckbaus erhalten hat, abgerissen. Sie folgen der ‚Hauptstraße' weiter, queren die B 7, biegen dann nach rechts in den ‚Vinhovenplatz' ein, an dem die **Kapelle Klein-Jerusalem** liegt.

Die Wallfahrtskapelle wurde 1652 von dem als Feldkaplan unter Jan van Werth bezeugten Gerhard Vynhoven nach einer Palästina-Reise gestiftet und 1659 vom Kölner Erzbischof als Gnadenkapelle bestätigt. In der ursprünglich Beth-Jerusalem genannten Kapelle sind die Lebens- und Leidensorte Christi nachgebildet; so wurde eine Wallfahrt ins Heilige Land im Kleinen für jedermann möglich. Der 1656 über einem kryptenartigen Untergeschoss errichtete einschiffige Backsteinbau steht, umgeben von einer doppelten Hainbuchenhecke, auf einer künstlichen Anhöhe. 1772 wurde die Kapelle an die Neersener Minoriten übergeben, die im gleichen Jahr den Chor mit dem Dachreiter und das Südportal mit dem Franziskanerwappen im Giebelfeld anfügten. 1934 wurde der Altarraum verlängert und eine Sakristei eingebaut. Jeden Freitag findet hier um 19.00 Uhr eine Messfeier statt.

Für Pilger wie ein Schritt ins Heilige Land – die Wallfahrtskapelle Klein-Jerusalem

Sie kehren über ‚Kapelle' zur ‚Hauptstraße' zurück, in die Sie nach rechts einbiegen und auf der Sie bis zum links abzweigenden Wirtschaftsweg ‚Beckershöfe' bleiben. Hinter der sanften Linkskurve liegt links in einem Waldstück, geschützt durch Zaun und Hecke, ein vor 1800 angelegter kleiner **jüdischer Friedhof**. Die acht Grabsteine sind während des Nationalsozialismus dem Verkauf als Baumaterial entgangen. Weitere Gräber sind durch Steinquader und kleine Eibenbüsche bezeichnet. Sie bleiben auf dem Weg, biegen bei der nächsten Kreuzung rechts ab, bei der Einmündung links, kurz darauf die nächste scharf rechts, die Sie auf die ‚Haus-Broicher-Straße' bringt. Vorsicht, diese Straße hat keinen Fahrradweg! Hier biegen Sie hinter dem Fischteich nach links ab und sehen nach ca. 600 m auf der linken Seite die Zufahrt zum **Haus Broich**, auf das Sie von der Brücke über den äußeren Graben einen Blick werfen können.

Haus Broich (Bruch), im westlichsten Zipfel des kurkölnischen Amtes Linn gelegen, ist ein ehemals freiadeliges, abgabenfreies (allodiales) Haus. Als erster Besitzer wird 1247 ein Adolf de Broich genannt. Über die frühe Baugestalt des Hauses ist nichts bekannt. Erst der Vorgänger des jetzigen Baus, der bis gegen Ende des 19. Jahrhunderts Bestand hatte, ist belegt. Nachdem der Kölner Industrielle Tilmann das Haus erworben hatte, brach er das Herrenhaus und die zuvor schon niedergebrannte Vorburg ab und errichtete beides neu. Der heutige Bau mit doppeltem Wassergraben und vorgelagertem Torhaus ist eine phantasievolle historistische Interpretation des Bauthemas Burg. Das Herrenhaus wurde nach dem Zweiten Weltkrieg an das Bistum Aachen verpachtet und beherbergt heute ein geistliches Zentrum. Um einen Blick auf den malerischen Bau zu werfen, können Sie bis zum Torhaus gehen.

Ein intaktes Wassergrabensystem schützt Haus Broich

Themen-Tipp: Hofanlagen

Hofanlagen in Niederungsgebieten mit hohem Grundwasserspiegel wurden häufig auf einer mit dem Grabenaushub künstlich geschaffenen Anhöhe, einer Donk, errichtet. Der heute oft zugeschüttete Graben konnte den Hof vor leichteren Übergriffen schützen und überschüssiges Oberflächenwasser sammeln. Zur Hofanlage gehörten das niederrheinische Hallenhaus in dem Mensch und Tier gemeinsam lebten, eine dem Stallgiebel gegenüberliegende, quererschlossene Scheune, ein Torhaus, manchmal ein Berfes und ein Backhaus. Das Wohn-/Stallhaus bestand bis etwa zur Mitte des 18. Jahrhunderts aus Fachwerk und war mit einem tief herabgezogenen, strohgedeckten Krüppelwalmdach gedeckt. Später wurde bei Altbauten häufig die Lehm- durch Backsteinausfachung oder massive Backsteinwände ersetzt, wobei die Fachwerkkonstruktion im Inneren erhalten blieb. Das feuergefährliche Strohdach wurde durch ein die Wärme schlecht dämmendes Ziegeldach ersetzt. Die uns heute so vertraute geschlossene, vierflügelige Hofanlage fränkischen Ursprungs setzte sich erst im 19. Jahrhundert durch.

Sie kehren zur ‚Haus-Broicher-Straße' zurück und biegen links ab. Bald sehen Sie links ein laut Inschriftbalken 1698 von Peter Buelß errichtetes **Heiligenhäuschen**. 1732 findet sich in einem Kaufvertrag die Bestimmung, dass der neue Besitzer des (nahe gelegenen) Kleinbeudelshofes die alte Verpflichtung übernehmen soll, das Heiligenhäuschen instand zu halten. Zudem soll er am Hagelfeiertag, wenn die Anrather Prozession hier Station macht, ein Tischchen mit dem nötigen Zierrat für das Allerheiligste aufstellen. Im Inneren befindet sich ein Bild mit der Enthauptung Johannes d. Täufers, das auf die Zugehörigkeit zur Anrather Pfarrkirche St. Johann Baptist verweist. Am Heiligenhäuschen fahren Sie nach links. Bei der nächsten Gelegenheit biegen Sie nach rechts in den Feldweg ein, der Sie auf die ‚Neersener Straße' führt, in die Sie rechts einbiegen und die Sie geradewegs auf die katholische Pfarrkirche **St. Johann Baptist** zuführt.

Auf die inmitten der ringförmigen Bebauung wie auf einer Insel liegende Kirche führen kreuzförmig vier Hauptstraßen zu. Diese Anlage lässt erkennen, dass Anrath ein wichtiger Ziel- und Ausgangspunkt war. Hier an der Stelle der Kircheninsel befand sich wohl der bereits für das 9. Jahrhundert bezeugte Kern der alten Ansiedlung Anrode (auf neugerodetem Land), ein Herrenhof des Kölner Erzbischofs. Auf diesem Hof wurde auch die erste Kirche errichtet. Schon 1010 wird die Anrather Kirche zur selbständigen Pfarre. Von einer im 12. Jahrhundert errichteten und bis um 1500 wiederholt erweiterten und umgebauten Kirche blieben die Turmuntergeschosse bis zum Abbruch Ende des 19. Jahrhunderts bestehen. 1897/98 wurde dann die jetzige dreischiffige Hallenkirche mit polygonalen Chorschlüssen und fünfgeschossigem Westturm in neugotischen Formen nach Plänen von Heinrich Kleesattel aus graugelben Backsteinen errichtet.

Gegenüber des Kirchturmes beginnt die ‚Jacob-Krebs-Straße' als Fußgängerzone, der Sie folgen. Vor dem Bahnübergang kommen Sie an den um 1900 aus rotem und gelbem Backstein errichteten Gebäuden der **Vereinigten Seidenwebereien** vorbei. Sie queren den Bahnübergang und befinden sich jetzt auf der ‚Anrather Straße'/L 361. Der erste große Hof auf der rechten Seite ist der **Üllertzhof** (Nr. 97).

Der Üllertzhof ist eine schöne, wenig entstellte und als Bauernhof genutzte Hofanlage. Leider ist der von den Kopflinden markierte Graben vor dem Wohnhaus (auch zu ihrem Schutz) zugeschüttet. Schon im 14. Jahrhundert wird der Hof als Besitz von Johannes then Ulenrode erwähnt. Das Torhaus, unter dem hindurch einst der Graben verlief, ist 1839 von Heinrich Üllertz errichtet worden. Das Wohnhaus wurde in der zweiten Hälfte des 19. Jahrhunderts errichtet. Rückwärtig umschließt der Graben einen großen Bauerngarten mit einer ca. 200-jährigen, burgartigen Eibenlaube.

Sie nehmen den kleinen Feldweg, der vor dem Hof abzweigt, dem Sie bis zum nächsten Linksabzweig folgen, der Sie zurück auf die Landstraße bringt, in die Sie dann nach rechts einbiegen. Sie bleiben auf dieser Straße bis ‚Zur Villa'/‚Haus Donk', die Sie zu **Haus Donk** führt.

Haus Donk war ein kölnisches Lehen und wurde als festes Haus zur Grenzbefestigung des Amtes Kempen auf einem mit dem Grabenaushub aufgeschütteten Hügel (= Donk) an der Niers errichtet. 1259 wird das Land am Haus erstmals urkundlich erwähnt, um 1310 werden als erste Besitzer Gottfried und Sohn Konrad von der Donk genannt. Die beiden heute noch bestehenden und ältere Fundamente nutzenden Bauten – das feste Haus mit rundem Treppenturm und der Torturm – sind stark restauriert. Der wohl im 16. Jahrhundert über einem hohen,

Die Kircheninsel um die Pfarrkirche St. Johann Baptist markiert den Kern der alten Rodungssiedlung Anrode – Anrath

strebepfeilerverstärkten Kellergeschoss errichtete Backsteinbau beherbergt im ersten Geschoss den so genannten Rittersaal. Das Geschoss darüber, Dach, Staffelgiebel und Kegelhut des Turmes sind freie Rekonstruktionen nach dem Vorbild zeitgenössischer, noch existierender Bauten. Der fast quadratische ursprüngliche Torturm, der typisch maasländische Streifen aus Backstein und Sandstein zeigt, ist um 1550 errichtet worden und war mit dem „Rittersaal" durch eine Mauer verbunden. Er wurde zu Beginn des 18. Jahrhunderts zum Wohnturm umgebaut. Aus einer Baubeschreibung von 1791 geht hervor, dass Haus Donk zumindest zu jener Zeit eine um einen Innenhof angelegte, geschlossene Vierflügelanlage gewesen ist. Im 19. Jahrhundert wurden im Bereich der Vorburg Wohn- und Wirtschaftsgebäude errichtet, die ein zweiter Graben umschließt. Das Ensemble wird durch den zwischen Torturm und Haus gesetzten modernen Wintergarten beeinträchtigt. Das Haus ist Privatbesitz!

Sie wenden das Rad und nehmen den ersten nach links abzweigenden Feldweg, den ‚Donkweg' und biegen dann links in die ‚Bruchstraße' ein. Am Kreisel fahren Sie in die Straße ‚Am Sportplatz' hinein, folgen ihr bis zur ‚Oedter Straße'/L 385. Hier biegen Sie dem NRR-Signet folgend, links ab und radeln ca. 1 km entlang der Landstraße (ohne Fahrradweg!). Vor der Linkskurve biegen Sie rechts in den ‚Mühlendyk'. Der Linksbiegung folgend, kommen Sie zum ‚Schlöttgesweg', in den Sie nach rechts einbiegen. Auf der rechten Seite sehen Sie bald den **Platenhof**.

Die 1882 errichtete geschlossene Backsteinanlage beeindruckt mit ihrer breiten Front aus Torbau und giebelständig anschließenden Baukörpern. Bei dem neugotischen Stufengiebel über der Toreinfahrt wurden für diese Gegend ungewöhnliche hellrote Ziegel verwendet. Der Platenhof wird in einer um 1500 erstellten Liste mit den im Amt Oedt direkt zu zahlenden Steuern auf Grund- und Bodenbesitz mit dem vergleichsweise hohen Betrag von 400 Gulden genannt.

Der Weg mündet am Ortseingang Oedt in die L 391, in die Sie nach rechts einbiegen. Am Hinweisschild zur ‚Albert-Mooren-Halle' biegen Sie links ab in die ‚Mühlengasse' und dann nach rechts zu Ihrem Ausgangspunkt, dem Parkplatz an der Albert-Mooren-Halle.

Der Wassergraben um den rückwärtigen Teil des Üllertzhofes umschließt einen gut gepflegten Baum- und Hausgarten

Tour 12
Start
Burg Uda
Oedt
Platenhof
Zweigkanal
Zweigkanal
L391
L385
L475
Tönisvorst
St.Tönis
L362
Benrad
B57
Vorst
Haus Donk
Flöthbach
L361
Üllertzhof
Süchteln
L475
K17
Anrath
St. Johann Baptist
L362
24
A44
Willich
23
Neue Niers
L39
Rahserbruch
Haus Stockum
Haus Broich
B7
Kapelle
Klein-Jerusalem
Viersen
Neersen
Schloß Neersen
22
7
A61
7
0
1 km

Tour 1

Reitstall Rudolph Raedgeshof mit angeschlossenem Biergarten
An Haus Steinfunder
47906 Kempen
Tel.: 02152-96 19 99
Öffnungszeiten: April bis Oktober, Mo-Fr ab 14.00 h, Sa/So ab 10.00 h,
November bis März, Mo-Fr ab 12.00 h (Mittagstisch), Sa/So ab 10.00 h

Landcafé Bruxhof
Klixdorf 57
47906 Kempen
Tel.: 02152-51 04 38
Öffnungszeiten: Di-Fr 13.00-21.00 h, Sa/So 10.00 –20.00 h
Küche ab 13.00 h, montags Ruhetag
Landgasthaus mit Flair und Biergarten

Landgasthof „Zur Fluchtburg"
Niederfeld 10 a
47929 Grefrath
Tel.: 02158-21 72
Öffnungszeiten: Di-Sa ab 12.00 h, So ab 10.00 h
Montags Ruhetag. Biergarten und Kinderspielplatz

In der Kempener Altstadt befinden sich zahlreiche Gaststätten und Restaurants für jeden Geldbeutel

Städtisches Kramer-Museum mit Ausstellungen zur bürgerlichen Wohnkultur und wechselnden Sonderausstellungen. Museum für Niederrheinische Sakralkunst in der ehemaligen Klosterkirche
Die Museen befinden sich im Kulturforum Franziskanerkloster, Burgstraße 19, 47906 Kempen, Tel: 02152-917-264 oder-271
Öffnungszeiten: täglich außer Mo 11.00 – 17.00 h, Do bis 19.00 h geöffnet. Führungen auf Anfrage
Eintritt: Erw. 2,00 €, erm. 1,00 €, Gruppen ab 10 Personen 1,00 €

An der Borner Mühle ist die Zeit nur scheinbar stehengeblieben

Tour 2

Gaststätte Schmitz-Gilsing
Oedter Str. 83
47906 Kempen
Tel.: 02152-527 32
Öffnungszeiten: Mo, Mi-Sa ab 17.00 h, So 11.00 – 14.00 h,
18.00 – 22.00 h, dienstags Ruhetag

Im Ortskern von Vorst und St. Tönis befinden sich Gaststätten, Eisdielen oder Cafés zum Einkehren

Die historische Hofanlage Gut Heimendahl auf Haus Bockdorf und das dazu gehörige Agrarkontor sind montags bis freitags von 9.00-18.30 h geöffnet, Samstag von 8.00-14.00 h, sonn- und feiertags geschlossen. Samstags deftiges Suppenessen von 11.00-14.00 h in urigem Ambiente. Führungen und niederrheinische Kaffeetafel auf Anfrage, Tel. 02152-898 90

Tour 3

Ausflugsgaststätte „Waldschenke"
Schadbruch 15
47906 Kempen
Tel.: 02152-7245
Öffnungszeiten: ab Mai Mo-Fr 14.00 – ca. 22.00 h, Sa/So 10.00 – ca. 19.00 h, donnerstags Ruhetag, Vor- und Nachsaison sonn- und feiertags geöffnet, Weihnachten bis Ostern geschlossen

Restaurant „La Terrazza"
Kleverstr. 351 (B 9)
47839 Krefeld
Tel.: 02151-73 28 00
Öffnungszeiten: 12.00 – 14.30 h, 18.00 – 24.00 h,
montags geschlossen
Mit großer Terrasse

Tour 4

Hotel „Strandhotel Poelvennsee“
Poelvenn 19
41334 Nettetal
Tel.: 02157-6999
Öffnungszeiten: täglich außer Fr 11.00 – 19.00 h
Naturfreibad und Kahnverleih lassen Ferienstimmung aufkommen

Landgasthof „Zur Fluchtburg“
Niederfeld 10 a
47929 Grefrath
Tel.: 02158-2172
Öffnungszeiten: Di-Sa ab 12.00 h, So ab 10.00 h, montags Ruhetag
Gaststätte mit großem Biergarten und Kinderspielplatz

Sporthotel „Grefrather Hof“
Am Waldrand 1
47929 Grefrath
Tel.: 02158-4070
Öffnungszeiten Restaurant: täglich von 6.30- 10.00 h Frühstück, 10.00 –14.00 h Mittagstisch, 18.00 – 22.00 h Abendtisch

„Pannekookehuus“
Am Freilichtmuseum
An der Dorenburg 28 a
47929 Grefrath
Tel.: 02158-1016
Öffnungszeiten: April bis September Di-So 12.00 – 22.00 h, Oktober bis März Di-So 12.00 – 20.00 h, montags Ruhetag
Gaststätte mit Terrasse zum Museumsgelände hin

Im Ortskern von Grefrath finden Sie verschiedene Gaststätten und eine Eisdiele

Hotel-Landgasthof „Zum Mühlenberg“
Büschen 14
41334 Nettetal
Tel.: 02153-9188-0
Öffnungszeiten: täglich 10.00 – 20.00 h außer donnerstags (wer dann klingelt, dem wird dennoch aufgemacht), Gaststätte mit Biergarten und gutem Bier

Im Ortskern von Hinsbeck finden Sie verschiedene Restaurants und eine Eisdiele.

„Forsthaus Hombergen“
Krickenbecker Allee 7
41334 Nettetal
Tel.: 02153-132 98
Öffnungszeiten: täglich 12.00 – 14.00 h, 17.00 – 22.00 h, montags Ruhetag
Gaststätte mit wunderschönem alten Wintergarten

Hotel-Restaurant „Am Krickenbecker See“
Krickenbecker Allee 38
41334 Nettetal
Tel.: 02153-2609
Öffnungszeiten: täglich außer Mo ab 10.30 h
Restaurant mit Seeblick

Niederrheinisches Freilichtmuseum
An der Dorenburg 28
47929 Grefrath
Tel.: 02158-917 30
Geöffnet ist das Museum mit seinen sehenswerten historischen Hofanlagen, einem Spielzeugmuseum und wechselnden Sonderausstellungen von April bis Oktober Dienstag bis Sonntag von 10.00 – 18.00 h, im November und März von 10.00 – 16.00 h, Dezember bis Februar Winterpause, montags geschlossen. Eintritt: Erw. 2,50 €, Kinder 1,00 €, Familienkarte 4,50 €

Textilmuseum „Die Scheune“ Alt Kämpken
41334 Nettetal-Hinsbeck
Krickenbecker Allee
Öffnungszeiten: So geöffnet von 11.00-18.00 h. Gruppen können für Besuche an Wochentagen gesonderte Termine vereinbaren.
Tel.: 02162-13524, NetteAgentur Tel.: 02153-898-0

Tour 5

Hotel „Strandhotel Poelvennsee“
Poelvenn 19
41334 Nettetal
Tel.: 02157-6999
Öffnungszeiten: täglich außer Fr 11.00 – 19.00 h
Naturfreibad und Kahnverleih lassen Ferienstimmung aufkommen

„Haus Waldesruh“
Heide 7
41334 Nettetal
Tel.: 02153-2571
Öffnungszeiten: täglich 12.00 – 14.00 h, 17.30 – 22.00 h, dienstags Ruhetag

Im Ortskern von Hinsbeck finden Sie verschiedene Restaurants und eine Eisdiele.

„La Mairie Haus Bey“
An Haus Bey 15
41334 Nettetal
Tel.:. 02153-91 97 20
Öffnungszeiten: täglich ab 10.00 h, Oktober bis März montags geschlossen
Gaststätte und Terrasse mit Blick auf grünen Golferrasen

Hotel-Restaurant „Am Krickenbecker See“
Krickenbecker Allee 38
41334 Nettetal
Tel.: 02153-2609
Öffnungszeiten: täglich außer Mo ab 10.30 h
Restaurant mit Seeblick

Textilmuseum „Die Scheune“ Alt Kämpken
41334 Nettetal-Hinsbeck
Krickenbecker Allee
Öffnungszeiten: So 11.00 – 18.00 h. Gruppen können für Besuche an Wochentagen gesonderte Termine vereinbaren. Tel: 02162/135 24, Tel.: NetteAgentur 02153-898-0

Tour 6

„Leuther Mühle"
Hinsbecker Straße 34
41334 Nettetal
Tel.: 02157-13 20 61
Öffnungszeiten: täglich von 11.30 – 23.00 h

„Strandrestaurant de Wittsee"
Am Wittsee 25
41334 Nettetal
Tel.: 02157-4390
Öffnungszeiten: in der Saison täglich ab 11.00 h, durchgehend warme Küche, November bis Februar dienstags geschlossen, Terrasse mit Seeblick

„Elbers Strandhaus"
Sassenfeld 54
41334 Nettetal
Tel.: 02153-2499
Öffnungszeiten: täglich 12.00 – 14.00 h, 17.00 – 22.00 h, dienstags Ruhetag

„Burg Ingenhoven"
Burgstr. 10
41334 Nettetal
Tel.: 02153-912525
Öffnungszeiten: täglich 11.00 – 14.30 h, 17.00 – 22.00 h, sonntags durchgehend ab 11.00 h, montags Ruhetag
Nobles Ambiente mit Flair

Im Ortskern von Lobberich und Hinsbeck gibt es zahlreiche Einkehrmöglichkeiten von Restaurants über Imbissstuben bis zu Eisdielen

„Forsthaus Hombergen"
Krickenbecker Allee 7
41334 Nettetal
Tel.: 02153-132 98
Öffnungszeiten: täglich von 12.00 – 14.00 h, 17.00 – 22.00 h, montags Ruhetag
Gaststätte mit wunderschönem alten Wintergarten

Hotel-Restaurant „Am Krickenbecker See“
Krickenbecker Allee 38
41334 Nettetal
Tel.: 02153-2609
Öffnungszeiten: täglich außer Mo ab 10.30 h
Restaurant mit Seeblick

Textilmuseum „Die Scheune“ Alt Kämpken
41334 Nettetal-Hinsbeck
Krickenbecker Allee
Öffnungszeiten: So 11.00 – 18.00 h, Gruppen können für Besuche an Wochentagen gesonderte Termine vereinbaren. Tel.: 02162-135 24, Tel.: NetteAgentur 02153-898-0

Tour 7

Hotel-Restaurant „Borner Mühle“
Borner Mühle 22
41379 Brüggen
Tel.: 02163-95 59 50
Öffnungszeiten: täglich ab 7.00 h
Stimmungsvolles Landrestaurant mit Biergarten und Anlegesteg für Paddelboote

„Mühlrather Mühle“
Am Hariksee
41366 Schwalmtal
Tel.: 02163-2332
Öffnungszeiten: täglich 8.00 – 22.00 h

Landgasthof „Mühlrather Hof“
Am Hariksee
41366 Schwalmtal
Tel.:: 02163-2801
Öffnungszeiten: täglich 9.00 – 22.00 h

„Pannenmühle“
Pannenmühle 67
41372 Niederkrüchten
Tel.: 02163-49624
Öffnungszeiten: April bis Oktober Mo, Do-So 11.00 – 22.00 h,
November bis März Sa-Mo 11.00 – 22.00 h
Biergarten an der Schwalm

„Lüttelforster Mühle“
Lüttelforst 303
41336 Schwalmtal
Tel.: 02163-452 77
Öffnungszeiten: Sa/So 12.00 –18.00 h, alle anderen Tage geschlossen

Landfleischerei Bongartz (ehem. Herbertshof)
Lüttelforst 105
41366 Schwalmtal
Tel.: 02163-477 10
Öffnungszeiten: Di-Fr 9.00 – 18.30 h, Sa 9.00 – 13.00 h, sonntags, montags geschlossen
Der Fleischerei ist ein Biergarten angeschlossen

In Waldniel und in Amern finden Sie eine Vielzahl von Einkehrmöglichkeiten (Restaurants, Eisdielen, Cafés)

Im historischen Ortskern von Brüggen finden Sie ein breit gefächertes Angebot an Einkehrmöglichkeiten

Jagd- und Naturkundemuseum in der Burg Brüggen
Burgwall 2
41379 Brüggen
Öffnungszeiten: Di-So 10.00-17.00 h
Anfragen zu Führungen, Museumsrallye etc. unter Tel.: 02163/ 578 403
Eintrittspreise: Erw. 1,50 €, Kinder bis 16 Jahre und andere Ermäßigungen 1,00 €, Familienkarte 4,00 €

Tour 8

Hotel-Restaurant „Borner Mühle“
Borner Mühle 22
41379 Brüggen
Tel.: 02163-95 59 50
Öffnungszeiten; täglich ab 7.00 h
Landrestaurant mit Biergarten und Anlegesteg für Paddelboote

Narrenmühle Dülken
Öffnungszeiten: Mai bis September So 11.00-12.00 h und nach Vereinbarung. Besonders hervorzuheben ist, dass Mitglieder des Senats der Akademie dem Besucher bereitwillig Auskunft geben.
Kontakt: Senator Bernd Vogels, Tel.: 02162-552 26

Katholische Pfarrkirche St. Cornelius Dülken
Öffnungszeiten außerhalb der Gottesdienste: Di-Mi 15.00-17.00 h, vormittags von 9.00-12.00 h

Rund um **St. Cornelius in Dülken** finden Sie Restaurants, Gastwirtschaften und Eisdielen

Tour 9

„Zur Kapelle an der Heide“
An der Heiden 1-3
41372 Niederkrüchten
Tel.: 02163-830 92 oder –832 62
Öffnungszeiten: täglich außer Do

Restaurant „La Chapelle“
Kahrstr. 90
41372 Niederkrüchten
Tel.: 02163-98 47 58
Öffnungszeiten: Mi-So 12.00-14.00 h und 18.00-22.00 h, montags und dienstags Ruhetag

Öffnung der **Brempter Kapelle** auf Anfrage beim Pfarramt Niederkrüchten, Tel.: 02163-45130

Tour 10

In der **Kaldenkirchener Innenstadt** finden Sie ein breites gastronomisches Angebot

„Keramisch Centrum de Tiendschuur"
Kasteellaan 8
NL 5932 AG Tegelen
Tel.: 0031-(0)77-3 26 02 13
Öffnungszeiten: Di-So 14.00 – 17.00 h
Eintritt: Erw. 2,50 €, Kinder bis 12 Jahre und Gruppen ab 20 Personen 1,75 €

Hotel und Restaurant „Château Holtmühle"
Kasteellaan 10
NL 5932 AG Tegelen
Tel.: 00 31-(0)77-37 38 8 00

Steyler Missionsmuseum
St. Michaelsstraat 7
NL 5936 BL Steyl-Tegelen
Tel.: 0031-(0)77-3 26 14 99
Öffnungszeiten: 21. März bis 31.Oktober Di-Sa 10.00-17.00 h, Sonn- und Feiertage 13.00-17.00 h, Winter 1. November bis 20. März Di-So 13.00 – 17.00 h, an Feiertagen 13.00 – 17.00 h, Weihnachtsferien 10.00 – 17.00 h, 25. Dezember, 1. Januar und Karfreitag geschlossen

Die Fähre von Steyl über die Maas fährt von April bis September Mo-Fr 7.00 – 21.00 h, Sa 8.00-21.00 h, So und feiertags 8.00 – 21.00 h und bei Bedarf
Eintritt: 0,40 € pro Fahrradfahrer

Am **Platz bei der Kirche in Baarlo** finden Sie Cafés und Restaurants mit Außengastronomie

Hotel und Restaurant „Château De Neerhof"
Kasteelhof 1
NL 5995 BX Kessel
Tel. 0031-(0)77-46 28 46 2
Öffnungszeiten: Mi-So
Gehobenes Restaurant mit wundervollem Blick über die Maas

Die Fähre von Kessel über die Maas verkehrt ganzjährig Mo-Fr 6.30 – 22.30 h, Sa 7.30 – 22.30 h, So und feiertags 8.00 – 22.30 h

Rund um die **Anrather Kircheninsel** finden Sie ein reichhaltiges gastronomisches Angebot

Tour 11

Auffelder Bauerncafé
Auffeld 26
47929 Grefrath
Tel.: 02158-5120
Öffnungszeiten: Mi-Fr 14.00 – 21.00 h, Sa, So und feiertags 9.00 – 21.00 h

Clörather Mühle
Clörather Mühle 36
41747 Viersen
Tel.: 02156-4 01 76
Öffnungszeiten: Mi-Fr 15.00 – 18.00 h, Sa/So 11.00 – 18.00 h
Während der Sommermonate finden regelmäßig Kunstausstellungen statt. Außerhalb dieser Öffnungszeiten Führungen nach Vereinbarung.

Tour 12

Siehe Tour 11

Italienisches Restaurant „Orangerie“
Im Neersener Schlosspark
47877 Willich-Neersen
Öffnungszeiten des improvisierten Restaurants im Gewächshaus: während der Sommermonate täglich ab 8.00 h

Autorenschaft

Dr. phil. Ina Germes-Dohmen
Tour 1, 2, 4, 5, 6, 7
Amtstext: Kempen, Krickenbeck, Brüggen
Sehenswürdigkeiten: Kempen, Brüggen
Thementipp: Backstein, Lehenswesen, Mühlen, Austorfung, Flachsanbau, Tonindustrie

Eva-Maria Willemsen M.A.
Tour 3, 8, 9, 10, 11, 12
Amtstext: Oedt
Thementipp: Landwehr, Heiligenverehrung, Narrenmühle, Mauertechnik, Fachwerkbau, niederrheinische Hofanlagen

Ja, bitte liefern Sie mir die auf der Rückseite angegebenen Titel!

☐ Ich hole die Bücher selbst ab.

☐ Liefern Sie die Titel per Post an folgende Adresse:

Name Vorname

Straße

PLZ/ Ort

Bitte senden Sie die Postkarte an Ihre **Buchhandlung** oder an den

J.P. BACHEM VERLAG

J.P. Bachem Verlag GmbH
Ursulaplatz 1, 50668 Köln

Anzahl

Ralph Jansen

Mit dem Fahrrad durch die Eifel

Die schönsten Radtouren zwischen
Euskirchen und Stadtkyll

ISBN 3-7616-1749-6

12,95 €

Anzahl

Ralph Jansen

Mit dem Fahrrad rund um Bonn und den Rhein-Sieg Kreis

Die schönsten Radtouren zwischen
Rheinbach und Windeck

ISBN 3-7616-1748-8

12,95 €

Anzahl

Ralph Jansen

Mit dem Fahrrad durch das Bergische und Oberbergische Land

Die schönsten Radtouren zwischen
Bergisch Gladbach und Olpe

ISBN 3-7616-1747-X

12,95 €

Anzahl

Ronald Meyer

Mit dem Fahrrad durch den Rhein-Kreis Neuss

12 Radtouren zwischen 12 und 80 km Länge

ISBN 3-7616-1726-7

12,95 €

Anzahl

Norbert Schmidt

Mit dem Fahrrad rund um Köln 2. Auflage

Die schönsten Radtouren zwischen
Porz und Worringen

ISBN 3-7616-1601-5

9,95 €

Anzahl

Ralph Jansen

Mit dem Fahrrad durch den Erftkreis

Die schönsten Radtouren zwischen
Brühl und Bergheim

ISBN 3-7616-1409-8

9,95 €